Money錢

Money錢

Money錢

新手入門的第一本可轉債教戰手冊

勝率近100%的可轉債存股術

蕭啟斌 著

Money錢

Contents | 目錄

Contents | 目錄

自序

知識就是力量 成功不靠背景！

新冠肺炎大爆發改變了許多人的命運，更精確一點地說，疫情導致了財富重分配。我在旅遊業以及餐飲業的朋友生活受到重創，莫說是累積財富，連生活都顯得有點左支右絀；而我僥倖地擁有可轉債的知識，在疫情爆發後的一年，獲利金額終於達到財務自由的門檻（我的定義是100萬美元，約台幣2,800萬元）。

這感覺很奇妙，就像小學生在7月1日就把暑假作業寫完了，剩餘的時間想到哪裡，就去哪裡。而我認為完成「財務自由」這個目標所需的時間，是建立在財經知識的差異上，而非背景。

腳踏實地賺到的辛苦錢是需要被尊重的，所以我除了投資外，也成立了悠債網、從事可轉債教學、撰寫專欄，身兼數職。

然而我撰寫專欄，並將文章集結成冊，出版第二本書，卻是意料之外。

一位原本對我畢恭畢敬，甚至在餐廳擺桌請吃飯的學生，因為自己要開辦可轉債收費講座，對我態度突然丕變，不但抨擊我的教學及部落格言論「一文不值」，還說券商就會寄來可轉債資訊，悠債網是「可有可無」的存在，而此人在自己成立的群組不停進行抹黑、帶風向，引導網友到悠債網粉絲團進行騷擾與攻擊，甚至我還遭遇實質暴力對待，車子被人潑漆，當時我報警處理，還上了新聞版面。

由於可轉債屬於小眾市場，其群組與上過我課的同學高度重疊，看不下去的人紛紛截圖跟我提醒，我才恍然大悟為何三不五時就有人來搗亂。我明白對方是有意挑釁，要我與之進行低層次的謾罵鬥爭，然而，不論我用什麼言論反駁，都會成為輸家，因此我選擇默不做聲，無視這些惡意。

我不與之做口舌之辯，思考良久之後，我選擇用時間及誠信來反駁抹黑的言論，決定在Pressplay平台成立自己的可轉債專欄，並以每月199元低價販售我的文章。因為我也跟抹黑我的人一樣

好奇，我文章內容是不是真的「一文不值」，同時將悠債網使用規則改為專欄訂閱者才能使用，不再免費提供，免得出現有人邊罵邊用的畸形狀態。

整個「澄清」的過程是漫長的，但效果卻十分顯著。隨著2020年疫情大低谷後的行情大爆發，無數專欄讀者見證了從友訊E1（233201）殘值1,500元到華航六（26106）賺進千萬元的奇蹟，讀者的付出得到不成比例的收穫，終於我讓很多人明白了我文章的價值。

至於專欄收費199元合理與否？稅單裡面明確記錄著我2020年專欄的總收入是364,170元，而我在2020年底以及2021年4月各捐15萬元給佛教團體及太魯閣號受難家屬，扣除捐款30萬元，我的專欄幾乎是做了整年白工，因此我的訂價確實是不合理，顯得太過廉價了。

從另一個角度來看，專欄的30幾萬元收入，居然還不到我操作獲利的50分之1，反觀平台其他財經作家，好幾位月入百萬以上，訂閱價格是我的數倍，卻拿不出自己投資績效的對帳單。能拿出獲利超過千萬對帳單、且事前詳盡分析讓讀者參與行情，我

不敢說我是唯一，但我保證收199元還能達到這績效的人，全世界找不到第二個。

原本攻擊我的愛徒見苗頭不對，居然將專門用來抹黑我的粉絲團關閉，並解散Line群，而他的劣行反而成為悠債網走向訂閱制的推手。這次經驗我有了新的啟發，就是：「**朋友給你溫暖，敵人帶來進步**」，這是我的肺腑之言。

然而一波未平，一波又起，距離他開始抹黑我已經超過5年時間，這長期的傷害也埋下日後我被詐騙8位數以上鉅款的遠因。

我在2020年底與朋友進行陽明（2609）可轉債無券套利合作案時，被侵占了巨額資金，本書也因此延遲半年出版，我將整個犯罪手法以及經過記錄於悠債網粉絲團，當成案例提醒讀者，並委任律師提告，有任何結果我都會公布在粉絲團。

在網路上抹黑我的人，主要論點是，投資賺的錢夠多，為何還要寫專欄討生活？雖然我的績效已經讓這些人啞口無言，我依然會非常懇切地告訴他們，我多角化經營分散風險，就是想過上平穩的生活，避免哪天又受到你們這種惡徒侵害呀！我曾在北宜公路騎腳踏車命懸一線，在下坡窄巷高速會車且爆胎失控，短短2、

3秒人生跑馬燈都出現了。人生可能隨時因為意外失去性命以及健康，更別提瞬息萬變的交易市場了。

由於這些詐騙、抹黑我的人，都是自稱所謂的「專職投資人」，看不起付出勞務求得溫飽的小資上班族，觀念偏差者更以掠奪他人資產為樂，而我清楚表達自己不想被歸類為同一群人。所以務必不要說我是「專業投資人」，或什麼「可轉債專職投資者」，因為我「恥與為伍」，我是上班族的好朋友，悠債資訊社的社長。

可轉債對我而言，只是眾多投資工具之一，並非目的與終點，而在經營悠債網的過程當中，也發現將公司發展成新創的可能性，部分有心人士因私利而打壓，實在是短視近利的做法。

我很喜歡社會改革家雅各布‧里斯（Jacob Riis）說的：「當一切努力看似無用，我會去看石匠敲打石頭。可能敲了100下，石頭上連一條裂縫都沒有，但就在第101下，石頭斷裂為兩半。然後我了解到，把石頭劈成兩半的不是最後那一下，而是先前的每一次敲擊。」

如果你開始學習新的投資方式而還未看到成果，很有可能正在

敲擊前面那100下，但你半途而廢，就敲不到最後劈開石頭的第
101下。我倡導以可轉債取代傳統存股的投資方式，對很多人
來說都是全新的概念，因為不需一直盯盤，很適合上班族，風
險又低於傳統存股，希望這本書的讀者能跟我一樣，藉由可轉債
早日達成財務自由。

蕭啟斌

第 ① 章

不存個股
改存可轉債

1-1
近乎零風險
穩健航向財務自由

可轉債在符合某些條件的情況下，會出現近乎零風險卻高報酬的狀況。

比如我在2020年11月24日以98.5元買進的台耀三（47463），公司約定在2021年7月20日會以100元回收，且當時已知台耀因業外收益，2020年第2季EPS高達5.19元，故客觀上認定該公司可轉債，也就是台耀三的違約風險趨近於零，並至少有2%的年化報酬率。隔年，台耀三在2021年5月28日價格來到了167元，漲幅接近7成，由於我使用了槓桿的操作，報酬率達336%。

台耀三從我買進之後，價格從未跌破98.5元，即使下跌了，公司

會在可轉債到期時以100元買回,所以這就成了一筆「風險極低、報酬極高」風險與報酬不對等的投資。市場上幾乎不存在這麼好的投資商品了,這就是我投資可轉債的初衷。

通常對可轉債陌生的讀者接下來會有個很大的疑問,就是「既然可轉債這麼好,為什麼幾乎沒人知道?」

因為台灣早期可轉債的發行制度存在許多缺陷,採用詢價圈購發行的可轉債,造成流動性嚴重不足、籌碼把持在少數人手中的後遺症,長期成為大股東撈錢、人謀不臧的工具,實在非常可惜。最著名的例

台耀三(47463)買進後未跌破100元

2021/5/28
上漲至167元

2020/11/24
以98.5元買進

資料來源:CMoney 法人投資決策系統

子就是在樂陞案當中，董事長藉由詢價圈購，將樂陞可轉債IPO分配給特定人牟取暴利，後續衍生出淘空公司的戲碼。

相比之下，中國A股可轉債僅需人民幣100元、折合台幣不到500元即可進場交易，並且在發行時原始股東可以按比例先行認購，程序上跟增資股發行無異，因此在2020年全盛時期，僅僅可轉債的成交量1天居然可以接近台幣7,000億元的規模。所以台灣股民對於可轉債的陌生，是主管機關的責任。

樂陞案之後金管會終於有所作為，除了訂定一系列的樂陞條款之外，也開始鼓勵企業以競價拍賣發行可轉債，公平、公正、公開的方式終於讓參與者與日俱增，革除大股東黑箱作業、高興把IPO給誰就給誰的通病。而後金管會更在今（2021）年5月10日宣布，此後除了無擔保轉換公司之承銷金額達新台幣20億元，或發行時轉換溢價率超過105%者外，皆應採用競價拍賣方式辦理，此舉讓可轉債承銷制度更公平，亦促進了資本市場的健全。

近年來可轉債交易越來越熱絡的關鍵是，可轉債資產交換選擇權（CBAS）的盛行，允許投資人用極少的資金持有可轉債。原則上我們購買1張可轉債是10萬元起跳，但因為財務工程的發達，衍生出一

種散戶可以跟券商借錢買可轉債的特殊交易，這就是CBAS的原理以及本質，詳情在本書後續章節介紹。

本書附錄是我過去1年CBAS的交易紀錄，其中最高一筆獲利是我在凱基證券的交易，2018年以12.54萬元買進20張陽明五CBAS，並且在2021年以278.48萬元賣出，由於槓桿的關係，當價格上漲1.3倍，我的獲利接近22倍。可轉債賣回價保底的特性，如同在堅硬的地基上，比較容易蓋成穩固的摩天大樓。

過去一年藉由CBAS，我真實上演用1,500元錢賺取1,500萬元以上的誇張戲碼。也由於我全程在專欄上發文直播，不計其數的讀者賺到人生第一桶金，大家突然感受到可轉債的美好。

我周遭朋友因為一起投資陽明以及華航CBAS賺了200多萬元，決定請育嬰假2年，當家庭主夫陪小孩成長，也有人因此存到買房的頭期款。可轉債能成為樂陞案中坑殺小散戶的邪惡工具，也能成為小資族追求財務自由的墊腳石，而我希望即便是小資上班族，也能透過可轉債獲得自由，追求自己的幸福。

1-2
保本特性
巴菲特也愛可轉債

想透過可轉債獲得財務自由，首先要認識什麼是可轉債？由國家提供擔保的債券叫做國債，同理，由發行公司負責擔保的債券，就叫做公司債，這個債券如果可以轉換成該公司的股票，就叫做可轉換公司債（Convertible Bonds，簡稱CB）。

相信很多人都有這種經驗，就是在搜尋個股關鍵字的時候，除了個股「本尊」之外，還會出現一些「分身」，比如我在券商App當中輸入「今展科」，就會看到額外兩個「今展科二」以及「今展科三」，這個不小心出現的「分身」就是本書的主角——可轉換公司債。

搞懂股票和可轉債的差異

在今展科（6432）的例子當中，雖然只有差一個數字，但是你買進1張今展科跟買進1張今展科三（64323），意義完全不同。買進股票你就是今展科的「股東」，買進可轉債你就成了今展科的「債權人」。

舉個簡單例子，假設開一家燒肉店需要1千萬元資金，因此我決定和朋友A各拿出250萬元，剩下不足的500萬元資金跟銀行以2%利率貸款，須支付年息10萬元，因此A就是我的股東，銀行則是我

的債權人。由於我們這家餐廳有一半的錢是借來的,簡單計算餐廳的負債比率是50%。

第1年營運順利賺了100萬元,扣除給銀行的利息10萬元,我跟A各分45萬元;然而開店第2年就遇到疫情虧損100萬元,加上銀行利息10萬元仍然要還,我跟A各賠55萬元。最後因為餐廳持續虧損,連銀行貸款利息都無法支付了,我們決定停損把燒肉店收起來,結束營業。

疫情後我跟A還是對開餐廳很有興趣,決定另起爐灶,開另外一間義大利麵店。有了上一次的失敗經驗,我們縮小規模用100萬元開店,此時我跟A各拿出35萬元資金,由於上一次經營不善拖欠銀行利息無法再次貸款,我們改由跟朋友B以年利率10%借款30萬元,每年支付利息3萬元,此時負債比率下降到30%。

結果疫情後餐廳生意大好,1年賺了100萬元,扣除給B的3萬元利息,我跟A各分48.5萬元。此時B覺得餐廳營運上了軌道,於是和我們商量,30萬元借款不用還了,直接改為入股30萬元,也就是B的30萬元由「債」轉「股」,餐廳的負債比率則從30%下降為0,隔年餐廳賺錢B也能分紅,皆大歡喜。然而也因為B的入股,同樣賺

100萬元，我跟A只能依比例各分35萬元，B則能分30萬元。

上述的例子告訴我們，債權人面臨的風險報酬不同於股東，簡單來講，不論盈虧餐廳都必須支付債權人利息，但是餐廳賺錢的時候，債權人也無法分享利潤。

此外，一家公司成立的時候，經營者必須決定負債比率的高低，過高會有財務風險，然而股東人數過多，又會稀釋盈餘，利潤就變薄了，這就是所謂的資本結構理論。

在義大利麵店的例子當中，B的資金由「債」轉「股」，身份從債權人變成股東，對於上市櫃公司而言，發行可轉債也有同樣功能。

以撼訊（6150）為例，撼訊在2020年4月29日發行4億元可轉債撼訊四（61504），並且在當年7～9月接連被大量轉換為股票，因此股本由原來的3.33億元增加為4.49億元（見次頁圖），造成股本的變動就是因為「債」轉「股」，跟義大利麵店的例子是相同的。

💲 漲時賺價差、跌時領債息

可轉債一直是資本市場中非常受歡迎的投資工具之一，股神巴菲特也是可轉債的愛好者，著名例子包含他在金融海嘯時購入瑞士再

撼訊四（61504）轉股數量

		撼訊四					撼訊四					撼訊四	
轉換標的名稱	撼訊	標的代碼	6150	轉換標的名稱	撼訊	標的代碼	6150	轉換標的名稱	撼訊	標的代碼	6150		
轉換價格	34.5	發行時轉換價	35	轉換價格	34.5	發行時轉換價	35	轉換價格	34.5	發行時轉換價	35		
最新餘額(百萬)		**57.1**	400	**最新餘額(百萬)**		**19**	400	**最新餘額(百萬)**		**1.1**	400		
發行日期	2020-04-29	到期日	2023-04-29	發行日期	2020-04-29	到期日	2023-04-29	發行日期	2020-04-29	到期日	2023-04-29		
到期價格	100	發行時轉換溢價率	102	到期價格	100	發行時轉換溢價率	102	到期價格	100	發行時轉換溢價率	102		
最近贖回價格日	2022-04-29	最近履約價變價格	101	最近贖回價格日	2022-04-29	最近履約價變價格	101	最近贖回價格日	2022-04-29	最近履約價變價格	101		
強制贖回日		停止轉換起日		強制贖回日	2020-10-19	停止轉換起日		強制贖回日	2020-10-19	停止轉換起日			
停止轉換迄日		債券贖回情形	無	停止轉換迄日		債券贖回情形	無	停止轉換迄日		債券贖回情形	無		
本月轉換張數		**3429**	0	**本月轉換張數**		**381**	0	**本月轉換張數**		**179**	0		
停止轉換事由		發行滿二年		停止轉換事由		發行滿二年		停止轉換事由		發行滿二年			

資料來源：優債網

撼訊（6150）股本變動

季度	股本（億）	財報評分	季度股價（元）				獲利金額（億）					獲利率（%）			
			收盤	平均	漲跌	漲跌（%）	營業收入	營業毛利	營業利益	營業損益	稅後淨利	營業毛利	營業利益	營業損益	稅後淨利
2021Q1	4.49	51	152.5	115	+17.5	+13	13.8	2.77	1.87	-0.03	1.36	20.1	13.6	-0.24	9.88
2020Q4	4.49	43	135	87.6	+85.25	+171	13	1.05	0.4	0.01	0.3	8.07	3.08	0.05	2.32
2020Q3	3.33	38	49.75	49.9	+1.3	+2.7	11.3	0.88	0.33	0.06	0.25	7.83	2.93	0.51	2.21
2020Q2	3.33	28	48.45	46.9	+15.55	+47.3	7.69	0.42	-0.07	0.04	-0.03	5.45	-0.97	0.53	-0.4
2020Q1	3.33	28	32.9	53.8	-31.2	-48.7	5.79	0.36	-0.26	-0.02	-0.23	6.16	-4.55	-0.4	-3.95
2019Q4	3.33	26	64.1	65.4	+3.5	+5.8	8.45	0.33	-0.24	-0.02	-0.22	3.92	-2.85	-0.24	-2.59
2019Q3	3.33	21	60.6	73.1	-17.2	-22.1	8.38	0.59	-0.03	-0.03	-0.06	7.04	-0.36	-0.37	-0.71

資料來源：Goodinfo! 台灣股市資訊網

保公司的26億美元可轉債（票面利率12%），及購入奇異、高盛各30億美元以及50億美元的附認購權證特別股（票面利率10%，性質幾乎與可轉債相同）。

對於可轉債，巴菲特曾這麼說：「在我們持有的可轉換債券中，有一些看起來對我們具有非同尋常的吸引力。」他為什麼這麼喜歡可轉債，就是因為巴菲特主義（Buffettism）最經典的一句話便是：「投資的第一法則就是不要賠錢，第二法則是不要忘記第一法則。」而可轉債保底的功能，恰巧符合了第一法則。

在前文中，朋友B的資金原本是借款，但看到餐廳營運蒸蒸日上，便希望入股分享盈餘，若生意沒起色，他也可以維持30萬元借款繼續領10%利息。套用在可轉債投資上，持有一間公司的可轉債，當行情不好的時候，可以選擇繼續持有可轉債，行情來的時候股價大漲，就能考慮「債轉股」成為股東，形成了「進可攻、退可守」的良好投資循環。

華航六（26106）在2018年1月30日發行，至2020年疫情爆發前，華航（2610）股價高低區間在5.5元～12.9元，華航六價格則是在92.1元～102.15元，兩者高點都落在可轉債發行時的2018年1

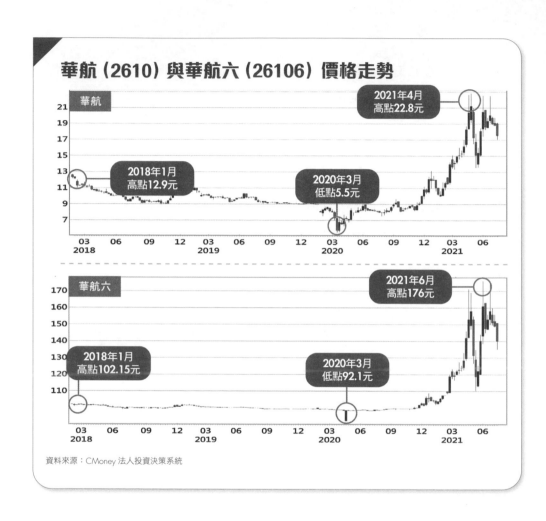

華航（2610）與華航六（26106）價格走勢

華航

2021年4月
高點22.8元

2018年1月
高點12.9元

2020年3月
低點5.5元

華航六

2021年6月
高點176元

2018年1月
高點102.15元

2020年3月
低點92.1元

資料來源：CMoney 法人投資決策系統

月，如果可轉債投資人跟股票投資人同時套在疫情前的最高點，股票最大虧損超過50%，可轉債最大虧損則是10%；然而疫情過後，股票與可轉債高點分別為22.8元以及176元，漲幅都接近76%。

從華航的例子可以看出可轉債「跟漲不跟跌」的特性，這是因為可轉「債」畢竟是「債」，到期必須歸還投資人至少100元本金，因此出現了「保底」的效果；而又因為有「轉股」的特性，可轉債依然會跟隨股價連動，近年極端例子包含價格狂飆的航運股台驊四（26364），發行8個月因隨台驊（2636）股價連動，可轉債價格上漲至750元。

所以行情好，投資人就要像朋友B一樣，變成義大利麵店的股東參與分紅；行情不好，就繼續當義大利麵店的債權人領利息，就是這個「可轉成股票的選擇權」讓可轉債充滿豐富的彈性，現階段先概略知道特性，若讀者還看不懂可轉債是什麼沒關係，記著麵店的例子即可，細節都會在本書後面的章節詳細介紹。

💲 由淺入深 學會可轉債投資

至於可轉債該如何買賣交易？如同上述提到今展科及今展科三的例子，既然使用券商APP搜尋關鍵字就能看到可轉債的身影，表示可轉債可以透過一般證券戶交易，從看盤軟體就可以看到可轉債報價，交易方式幾乎完全跟股票一模一樣，我的習慣是在編

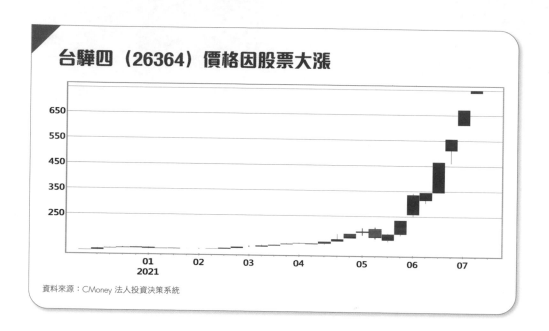

台驊四（26364）價格因股票大漲

資料來源：CMoney 法人投資決策系統

輯自選股的時候將「本尊」放在「分身」的上方，因為兩者畢竟有連動關係。

而主管機關為活絡債券市場，協助企業籌資及促進資本市場發展，自2010年1月1日起至2026年12月31日暫停徵收公司債及金融債券的證券交易稅，近年來有許多人提倡投資ETF，其中一個關鍵就是成本低廉，就這個邏輯來看，他們更該投資可轉債，因為可轉債不但不須課徵證交稅，還有保底的優勢，從性質來講更適合保守、不常看盤的投資人，以元大證券為例，可轉債的交易手續費為

千分之1.425，交易稅為0。

要注意的是，雖然說可轉債的交易方式基本上跟股票一模一樣，但無法融資融券，此外，書中第6章提到的可轉債資產交換選擇權（CBAS），則是類似基金戶，必須額外向券商申請開設「衍生性金融商品戶」，才能交易。

不必著急，這本書會從最簡單的基礎入門，一步一步教有興趣的讀者學會可轉債投資，在剛開始的章節，先把重點集中在「用普通證券戶交易可轉債」即可。

第2章

零基礎入門
看懂公開説明書

2-1
學會看懂
可轉債公開說明書

可轉換公司債（簡稱可轉債）是一種非常單純的投資商品，但市面上學習可轉債投資的管道極少，投資人想進入這個領域十分困難。

學習可轉債沒有一致的標準，如何從頭介紹可轉債也是難題，所以我就以專業可轉債投資網站「悠債網」（www.yobond.com.tw）為基礎，講解可轉債的專有名詞、意義及重要性。

首先，可轉債在發行時，發行公司都必須發布可轉債的公開說明書，向投資人說明該債券的權利義務及注意事項。要特別注意的是，這些內容都將影響可轉債的市場價格。

　　說明書的格式大同小異，悠債網將一份7頁的資訊，整合為一個隨點即看的對話視窗。以我多年的操作經驗來看，這是最方便的查詢方式。

　　接下來的章節，將從公開說明書來教讀者認識可轉債。

🪙 2方式下載可轉債公開說明書

　　悠債網提供2種方式取得可轉債的公開說明書。第1種方式是，進

下載可轉債公開說明書：方式1

資訊類型 悠債網 Yobond

發行公告	承銷公告	詢圈公告	近期發行資訊

發行機構代號	可轉債名稱	發行時票面值	擔保有無	掛牌日期	公開說明書
4916	事欣科二	39	無	2019-12-13	下載
2729	瓦城一	300	無	2019-12-11	下載
4141	龍燈五KY	16	無	2019-12-09	下載
4141	龍燈四KY	16	有	2019-12-06	下載
1626	艾美特三KY	32	有	2019-12-04	點擊下載
6616	特界一KY	41	無	2019-12-03	下載
5284	jpp二KY	55	無	2019-11-28	下載
6438	迅得一	73	無	2019-11-25	下載

資料來源：悠債網

入悠債網的「可轉債發行公告」頁面（www.yobond.com.tw/Form/pub），找到想查詢的可轉債，最右側的欄位有下載連結，點一下即可下載公開說明書。

第2種方式更為直接，在可轉債流通總表點擊想了解的可轉債名稱，在出現的選單中點選「發行辦法內容」，即可下載公開說明書。請注意，此種方式必須先註冊，並訂閱專案成為「流通總表會

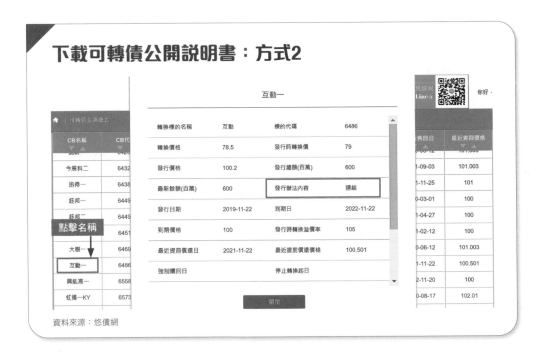

資料來源：悠債網

員」，才能線上查詢。

💲 可轉債的基本資料

接下來，以互動一（64861）的公開說明書（見次頁）為例，說明可轉債的專有名詞。

❶ **債券名稱**：互動國際第1次發行可轉債簡稱「互動一」，代碼64861，若日後發行第2檔則簡稱「互動二」，代碼將是64862，以此類推。如「奇力新六」代表奇力新已經發了6檔可轉債。可轉債代碼的編排有極少數的例外，如「新光金四」的代碼是28885、「新光金五」的代碼是28886。一家公司能同時發行數檔可轉債，也可以在到期之前或之後繼續發行，但必須合乎相關法規，經主管機關同意才能發行。

❷ **發行日期**：可轉債是上市櫃公司的重要籌資管道，可轉債上市之後便如同股票可在市場上買賣，可用看盤App及軟體下單，不需要另外申請帳戶，從發行日當天到下市之前均可直接買賣。

❸ **發行總額**：可轉債的發行總額有相當嚴謹的限制，一般情況下，公司規模與發行總額呈正相關，發行總額太小，可能影響流

互動一（64861）的基本資料

互動國際數位股份有限公司
國內第一次無擔保轉換公司債發行及轉換辦法

❶ 一、債券名稱
　　互動國際數位股份有限公司(以下簡稱「本公司」)國內第一次無擔保轉換公司債(以下簡稱「本轉換公司債」)。

❷ 二、發行日期
　　民國108年11月22日(以下簡稱「發行日」)。

❸ 三、發行總額
　　本轉換公司債每張面額為新台幣壹拾萬元整，發行總張數為陸仟張，發行總面額為新台幣陸億元整，依票面金額之100.2%發行。

❹ 四、發行期間
　　發行期間三年，自民國108年11月22日開始發行至111年11月22日到期（以下簡稱「到期日」）。

❺ 五、債券票面利率
　　票面年利率為0%。

❶ 互動一

轉換標的名稱	互動	標的代碼	6486
轉換價格	78.5	發行時轉換價	79
發行價格	100.2	**❸** 發行總額(百萬)	600
最新餘額(百萬)	600	發行辦法內容	連結
❷ 發行日期	2019-11-22	到期日	2022-11-22 **❹**
到期價格	100	發行時轉換溢價率	105
最近提前償還日	2021-11-22	最近提前償還價格	100.501
強制贖回日		停止轉換起日	

資料來源：悠債網

動性，發行總額太大，則可能不易有行情。以下略舉相關法條供讀者參考。

《公司法》第247條：公開發行股票公司之公司債總額，不得逾公司現有全部資產減去全部負債後之餘額。無擔保公司債之總額，不得逾前項餘額二分之一。

《證券交易法》第28條之4：已依本法發行股票之公司，募集與發行公司債，其發行總額，除經主管機關徵詢目的事業中央主管機關同意者外，依下列規定辦理，不受《公司法》第247條規定之限制：1. 有擔保公司債、轉換公司債或附認股權公司債，其發行總額，不得逾全部資產減去全部負債餘額之200%。2. 前款以外之無擔保公司債，其發行總額不得逾全部資產減去全部負債餘額之二分之一。

❹ **發行期間**：大部分可轉債都是以3年或5年為期限，有極少部分例外。

❺ **債券票面利率**：悠債網省略這個項目，因為台灣最後一檔票面利率不為零的可轉債，是2011年發行的「久陽一」，迄今不再出現，這是台灣低利環境造成的畸形狀況，而即使久陽一有票面利率，也僅0.7%，完全是雞肋。對可轉債配息相關資訊有興趣的讀者，可至櫃買中心查詢。

2-2
可轉債的擔保
與轉換標的

本單元繼續說明可轉債公開說明書的還本日期、擔保、轉換等專有名詞。

❶ **還本日期及方式**：表示互動一在2022年11月22日到期時，公司將以100元回收，而有些公司則會在到期時加價償還。回收價格越高，對債權人就越有保障，當然也越能支撐可轉債價格。如前述，債券「票面利率」為零，會降低投資人購買可轉債的意願，提高到期價格，也算是變相配息，可鼓勵投資人長期持有。

❷ **擔保情形**：可轉債可簡單分為「有擔保可轉債」和「無擔保可轉債」。既然是債券，投資人最擔心的就是信用違約風險，有擔

互動一（64861）的還本日期、擔保和轉換

❶
六、還本日期及方式
除本轉換公司債之持有人(以下簡稱「債權人」)依本辦法第十條轉換為本公司普通股或依本辦法第十九條行使賣回權，或本公司依本辦法第十八條提前贖回，或本公司由證券商營業處所買回註銷者外，本公司於本轉換公司債到期時依債券面額以現金一次償還。

❷
七、擔保情形
本轉換公司債為無擔保債券，惟如本轉換公司債發行後，本公司另發行或私募其他有擔保附認股權公司債或有擔保轉換公司債時，本轉換公司債亦將比照有擔保附認股權公司債或有擔保轉換公司債，設定同等級之債權或同順位之擔保物權。

❸
八、轉換標的
債權人得依本辦法之規定，向本公司請求將本轉換公司債依面額及請求轉換當時之轉換價格，轉換為本公司普通股股票，本公司將以發行新股之方式履行轉換義務，換發之新股以帳簿劃撥交付，不印製實體方式為之。

轉換標的名稱	互動	標的代碼	6486
轉換價格	78.5	發行時轉換價	79
發行價格	100.2	發行總額(百萬)	600
最新餘額(百萬)	600	發行辦法內容	連結
發行日期	2019-11-22	到期日	2022-11-22
到期價格	100	發行時轉換溢價率	105
最近提前償還日	2021-11-22	最近提前償還價格	100.501
強制贖回日		停止轉換起日	
停止轉換迄日		債券擔保情形	無

資料來源：悠債網

保可轉債享有較高的保障。而無擔保可轉債的風險要如何評估呢？台灣最常見的方式就是使用《台灣經濟新報》所發布的信用風險指標（TCRI），共分為1～9個等級，數字越小代表風險越小，通常把1～3視為低風險、4～6為中度風險，而7～9則為高風險。風險越低，債權人保障越高，可轉債價格就越有支撐。

通常財務健全、信用良好的公司，如鴻海、台灣大哥大，都是發行無擔保可轉債；公司財務有疑慮或產業風險較高的公司，才需要提供擔保品。

互動一條約中明訂此檔可轉債是無擔保，但如果公司日後想要發行第2檔「有擔保」可轉債，而互動一仍在市面流通，互動一也必須提供擔保品，使之成為有擔保。

以元山三（62753）及元山四（62754）為例，從悠債網的歷史資料庫中可看到，元山三在2013年之前是「無擔保可轉債」，然而在到期前的2015年，已經變成「有擔保可轉債」。這並非資料出錯，而是因為公司在2013年7月18日發行了元山四有擔保可轉債，根據前述規定，還未到期的可轉債也必須提供擔保品，才能繼續發行有擔保可轉債。因此公司在2013年7月17

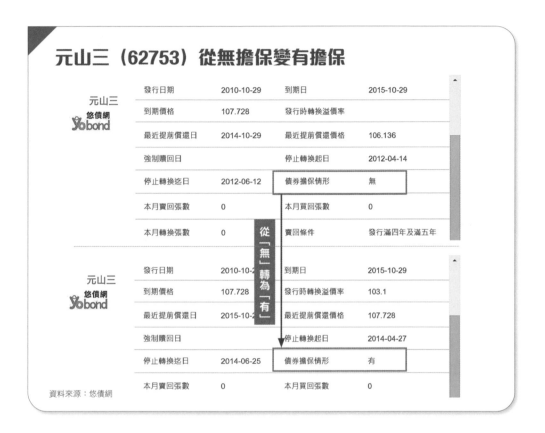

元山三（62753）從無擔保變有擔保

元山三 悠債網 Yobond				
	發行日期	2010-10-29	到期日	2015-10-29
	到期價格	107.728	發行時轉換溢價率	
	最近提前償還日	2014-10-29	最近提前償還價格	106.136
	強制贖回日		停止轉換起日	2012-04-14
	停止轉換迄日	2012-06-12	債券擔保情形	無
	本月賣回張數	0	本月買回張數	0
	本月轉回張數	0	買回條件	發行滿四年及滿五年

從「無」轉為「有」

元山三 悠債網 Yobond				
	發行日期	2010-10-2_	到期日	2015-10-29
	到期價格	107.728	發行時轉換溢價率	103.1
	最近提前償還日	2015-10-2_	最近提前償還價格	107.728
	強制贖回日		停止轉換起日	2014-04-27
	停止轉換迄日	2014-06-25	債券擔保情形	有
	本月賣回張數	0	本月買回張數	0

資料來源：悠債網

日，將元山三從無擔保可轉債，變更為有擔保可轉債。

❸ **轉換標的**：互動一可轉債理所當然的轉換標的是互動（6486）股票，但也有例外，例如「可交換公司債」友訊E1（233201，E指Exchange，交換之意，已於2020年6月17日到期終止櫃台買賣），轉換的標的並非友訊（2332），而是明泰（3380）。

為何有這種現象呢？通常會發行可交換公司債，是因為發債的A公司持有大量B公司股票，例如友訊當年為了專注研發品牌，決定將負責OEM、ODM製造代工部門切割獨立，成立明泰科技，也因為這層關係，友訊持有大量明泰的股票。這也是為何友訊發行了可交換債友訊E1，轉換標的卻是明泰。

而未來如果有投資人提出轉換，友訊只是把持有的明泰股票給予投資人，因此在提出轉換的時候，並不會增加明泰的股本。

友訊E1（233201）轉換標的是明泰（3380）

悠債網
Yobond

轉換標的名稱	明泰	標的代碼	3380
轉換價格	19.36	發行時轉換價	22
發行價格	100	發行總額(百萬)	1200
最新餘額(百萬)	308.8	發行辦法內容	連結

資料來源：悠債網

2-3 可轉債的轉換期間與程序

　　本單元繼續說明可轉債公開說明書的轉換期間和轉換程序等專有名詞。

❶ 轉換期間：樂陞案之前，可轉債上市只要1個月就能開始轉換為股票，樂陞案之後為了避免弊端，主管機關把新上市可轉債的停止轉換期由1個月拉長到3個月，所以2019年11月22日發行的互動一，要到2020年2月23日才能提出申請轉換成股票（可轉債發行價一般為100元，每張面額為100元×1,000股，即10萬元）。

　　另外，可轉債停止轉換的原因還有以下2個：除權息和股東

互動一（64861）的轉換期間和程序

九、轉換期間

❶ 債權人自本轉換公司債發行滿三個月之次日(民國109年2月23日)起，至到期日(民國111年11月22日)止，除(一)普通股依法暫停過戶期間；(二)本公司無償配股停止過戶日、現金股息停止過戶日或現金增資認股停止過戶日前十五個營業日起，至權利分派基準日止；(三)辦理減資之減資基準日起至減資換發股票開始交易日前一日止，不得請求轉換（認購）之外，得隨時向本公司請求依本辦法將本轉換公司債轉換為本公司普通股股票，並依本辦法第十條、第十一條、第十三條及第十五條規定辦理。

十、請求轉換程序

❷ (一)債權人至原交易券商填具「轉換公司債帳簿劃撥轉換／贖回／賣回申請書」（註明轉換），由交易券商向臺灣集中保管結算所股份有限公司(以下簡稱「集保公司」)提出申請，集保公司於接受申請後，以電子化方式通知本公司股務代理機構，於送達時即生轉換之效力，且不得申請撤銷，並於送達後五個營業日內完成轉換手續，直接將本公司普通股股票撥入該債權人之集保帳戶。

(二)華僑及外國人申請將所持有之本轉換公司債轉換為本公司普通股時，一律統由集保公司採取帳簿劃撥方式辦理配發。

發行日期	2019-11-22	到期日	2022-11-22
到期價格	100	發行時轉換溢價率	105
最近提前償還日	2021-11-22	最近提前償還價格	100.501
強制贖回日		停止轉換起日 ❶	
停止轉換迄日 ❶		債券擔保情形	無
本月賣回張數		本月買回張數	
本月轉換張數		賣回條件	發行滿二年
停止轉換事由 ❶			

資料來源：悠債網

會。以世紀鋼三（99583）為例，2019年有2個時段停止轉換，第1次是因為「辦理股東常會事宜」，停止轉換起迄日為2019年4月26日到6月24日；第2次是因為「辦理配股配息作業事宜」，停止轉換起迄日為2019年8月29日到9月24日。

對一家有配股配息的公司而言，每年大約會有3個月停止轉換期間，如果公司不分配股息股利，可轉債就不會因為「辦理

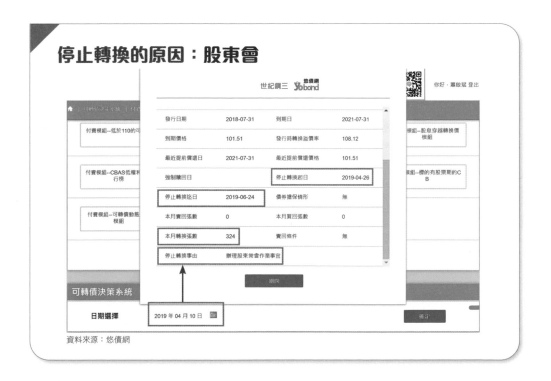

資料來源：悠債網

配股配息作業事宜」而停止轉換。如下圖所示，每年遇到股東

會、除權息，悠債網也會將停止轉換的起迄日登記在簡表中。

在停止轉換期間，可轉債的價格會比平時低，這是因為股價如果

上漲，投資人有動機融券放空股票來鎖住價差，停止轉換期間，

融券後僅能鎖單，必須等到停止轉換期間結束，才能轉股抵銷融

券進行「券償」。

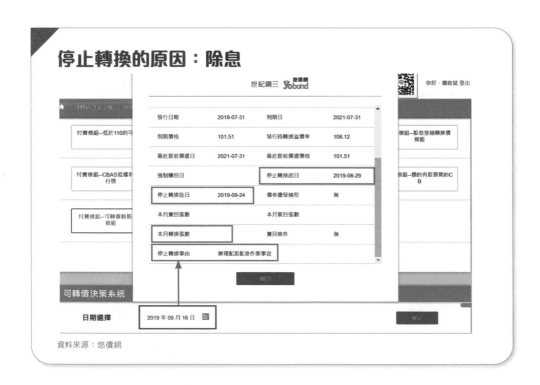

資料來源：悠債網

❷ **請求轉換程序**：當投資人申請將可轉債轉換成股票時，必須拿著「集保庫存」存摺到券商櫃台臨櫃辦理轉換業務。近年來主管機關推行e存摺，如果沒有實體的集保存摺，就必須攜帶安裝e存摺的手機前往券商辦理。

公開說明書雖然寫著「……送達後5個營業日內完成轉換手續」，不過一般來說，拿到轉股的時間不會超過T＋3（T指申請

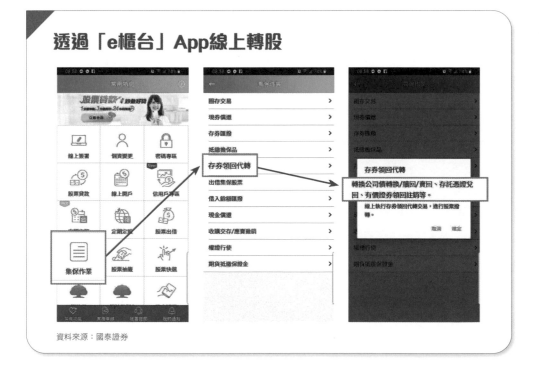

透過「e櫃台」App線上轉股

資料來源：國泰證券

轉換那天），甚至隔天下午股票就已經匯入集保。

要特別注意的是，目前僅有國泰證券可以透過自家的「e櫃台」App在線上申請轉換可轉債。中國A股可轉債幾乎全面e化，台灣的券商導入e化卻十分緩慢，或許是因為開放此功能後，客戶很容易就能轉走股票，券商故意在這項業務上堅持人工處理。

在此要提醒使用e櫃台轉股的人，使用App轉股會比臨櫃轉股慢一天，所以如果券商就在附近，建議直接走一趟。

可轉債的轉換價

本　單元將説明可轉債的轉換價如何訂定，以及轉換價對現股的影響。

轉換價格訂定方式：對企業而言，轉換價的訂定非常重要，因為可轉債籌資金額及發行張數是固定的，如互動一可轉債籌資的金額是6億元，不論轉換價是10元或100元，公司籌資金額不會變動，都是6億元。然而訂定價格的高低有什麼差異呢？關鍵就在於「轉股數量不同」。6億元的可轉債就等於6,000張可轉債（可轉債發行價一般為100元，每張面額為100元×1,000股，即10萬元），可用一個簡單的速算公式：

互動一（64861）轉換價格訂定方式

十一、轉換價格及其調整

　　(一)轉換價格之訂定方式

　　　　本轉換公司債轉換價格之訂定，以民國108年11月14日為轉換價格訂定基準日，取基準日(不含)前一個營業日、前三個營業日、前五個營業日之本公司普通股收盤價之簡單算術平均數擇一為基準價格，乘以105%之轉換溢價率，為計算轉換價格(計算至新台幣角為止，分以下四捨五入)之依據。基準日前如遇有除權或除息者，其經採用以計算轉換價格之收盤價，應先設算為除權或除息後價格；轉換價格於決定後至實際發行日前，如遇有除權或除息者，應依轉換價格調整公式調整之。依上述方式，本債券發行時之轉換價格為每股新台幣78.5元。

　　(二)轉換價格之調整

　　1.本轉換公司債發行後，除本公司所發行(或私募)具有普通股轉換權或認股權之各種有價證券發行普通股股份或因員工酬勞發行新股者外，遇有本公司已發行(包括私募)之普通股股份增加(包含但不限於現金增資、盈餘轉增資、資本公積轉增資、公司合併或受讓他公司股份發行新股、股票分割及現金增資參與發行海外存託憑證等)，本公司應依下列公式調整本轉換公司

互動一 悠債網 Yobond

轉換標的名稱	互動	標的代碼	6486
轉換價格	78.5	發行時轉換價	79
發行價格	100.2	發行總額(百萬)	600
最新餘額(百萬)	600	發行辦法內容	連結
發行日期	2019-11-22	到期日	2022-11-22
到期價格	100	發行時轉換溢價率	105
最近提前償還日	2021-11-22	最近提前償還價格	100.501

資料來源：悠債網

轉換比例＝100÷轉換價

我曾經在粉絲團多次強調,我是個記憶力奇差無比的人,所幸可轉債需要記誦的資料非常少,唯一需要牢記的只有這個公式,公式算出的值就是「一張可轉債能換得的股票張數」。比如互動一的轉換價是78.5元,根據公式100÷78.5=1.274,得出一張互動的可轉債可換到1.274張互動股票,所以6,000張可轉債可以換到約7,644張股票。

轉換價訂得越低,能轉換成股票的張數就越多,盈餘被稀釋的狀況就越嚴重。因為每股盈餘(EPS)＝稅後淨利÷在外流通股數,而當可轉債轉股使在外流通股數增加,分母變大,EPS自然就變小了。

尤其互動的股本僅有3.69億元,轉股數量越多,盈餘被稀釋得越嚴重。以鈺齊四KY(98024)為例,因為鈺齊可轉債接連大漲,2019年12月流通在外餘額僅剩下原有的10分之1,而股本則從2018年第4季的14.63億元,遞增到2019年第3季的17.13億元。而隨著可轉債繼續飆漲,轉股數量增加,股本會越來越大,EPS就會越來越小。

「轉換價格及其調整(見上頁圖)」這段文字說明了如何訂定

轉換價，其中有好幾個要素，最重要的就是「基準日」。轉換價的高低必須取決於轉換標的發行可轉債時的股價，因此公司必須先決定一個「基準日」，以便計算轉換價格。

這段文字中提到「取基準日（不含）前1個營業日、前3個營業日、前5個營業日之本公司普通股收盤價之簡單算術平均數擇一為

鈺齊四KY（98024）轉股導致股本變大

鈺齊四KY 悠債網 **Yo**bond

轉換標的名稱	鈺齊-KY	標的代碼	9802
轉換價格	51.3	發行時轉換價	55
發行價格	100.6	發行總額(百萬)	1000
最新餘額(百萬)	79.8	發行辦法內容	連結
發行日期	2018-10-02	到期日	2021-10-02

股東權益	2019Q3		2019Q2		2019Q1		2018Q4		2018Q3	
	金額	%	金額	%	金額	%	金額	%	金額	%
普通股股本	17.13	13.8	16.22	12.5	15.9	13.5	14.63	13.1	14.63	13.4

資料來源：悠債網

基準價格，乘以105%的轉換溢價率，為計算轉換價格」我們直接以互動的股價來解釋。

　　從2019年11月14日往前推5個交易日的收盤價分別是76、74.6、73.6、76、75.8元，並以此得出3個參考價：

　　參考價1：前1個營業日簡單算數平均數

　　　　　　＝76÷1＝76

　　參考價2：前3個營業日簡單算數平均數

　　　　　　＝（76+74.6+73.6）÷3＝74.733

　　參考價3：前5個營業日簡單算數平均數

　　　　　　＝（76+74.6+73.6+76+75.8）÷5＝75.2

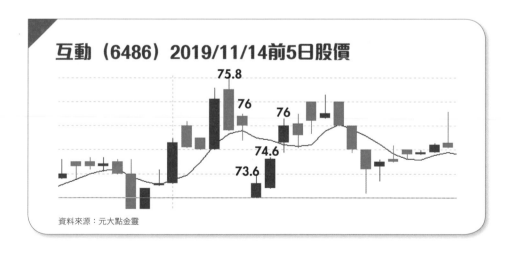

互動（6486）2019/11/14前5日股價

75.8

76

76

73.6

74.6

資料來源：元大點金靈

- **參考價1×轉換溢價率105%＝76×1.05＝79.8**
- **參考價2×轉換溢價率105%＝74.733×1.05＝78.46965**
- **參考價3×轉換溢價率105%＝75.2×1.05＝78.96**

從公告中得知，轉換價是78.5元，所以公司最後選取的是參考價2的74.733元，把轉換價除以轉換溢價率，也能快速得知參考價是74.733。

轉換溢價率越高 對股東越有利

影響轉換價還有一個非常重要的因素，就是轉換溢價率，通常基本面越好、對股東越保護的公司，轉換溢價率都越高，因為公司不想讓轉換價過低而被輕易、大量地轉換為股票，侵害原始股東的權益。

例如鴻海（2317）在2006年發行的鴻海一（23171）可轉債就霸氣訂出145.7%溢價率，也就是如果參考價100元，轉換價將訂在145.7元，高到讓人匪夷所思。

通常溢價率低於105%算是低溢價，105%～110%算是中度溢價，高於110%則是高溢價。

奇力新六（24566）溢價率高

奇力新六　**悠債網 Yobond**

轉換標的名稱	奇力新	標的代碼	2456
轉換價格	94	發行時轉換價	94
發行價格	101	發行總額(百萬)	2000
最新餘額(百萬)	2000	發行辦法內容	連結
發行日期	2019-09-12	到期日	2024-09-12
到期價格	100	發行時轉換溢價率	119.29
最近提前償還日	2022-09-12	最近提前償還價格	100
強制贖回日		停止轉換起日	

資料來源：悠債網

　　以溢價率比較高的奇力新六（24566）為例，它的溢價率是
119.29%，表示公司對未來股價很有信心。

2-5 轉換價的調整與反稀釋條款

轉換價訂出之後,為何需要調整?以及如何調整?這些都攸關投資人權益,你一定要知道。

我們把公開說明書中調整轉換價的原因,簡化成下列4點:

①公司因合併、分割、現金增資以及發行新股,導致流通在外股數增加

②發放股息

③私募有價證券

④減資

台灣大三（30453）公開說明書的轉換價調整

(二)轉換價格之調整

❶ 1.本轉換公司債發行後，除本公司所發行(或私募)具有普通股轉換權或認股權之各種有價證券換發普通股股份或因員工酬勞發行新股者外，遇有本公司已發行(包括私募)之普通股股份增加(包含但不限於現金增資、盈餘轉增資、資本公積轉增資、公司合併或受讓他公司股份發行新股、股票分割及現金增資參與發行海外存託憑證等)，本公司應依下列公式調整本轉換公司債之轉換價格(計算至新台幣角為止，分以下四捨五入，向下調整，向上則不予調整)，並函請財團法人中華民國證券櫃檯買賣中心(以下簡稱「櫃買中心」)公告，於新股發行除權基準日(註1)調整之，但有實際繳款作業者於股

❷ 2.本轉換公司債發行後，如遇有本公司當年度發放普通股現金股利時，應於除息基準日按下列公式調降轉換價格(計算至新台幣角為止，分以下四捨五入)，並函請櫃買中心於除息基準日公告調整之。本項轉換價格調降之規定，不適用於除息基準日(不含)前已提出請求轉換者。

調降後轉換價格＝

調降前轉換價格 ×(1−發放普通股現金股利占每股時價(註)之比率)

註：每股時價之訂定，應以現金股息停止過戶除息公告日之前一、三、五個營業日擇一計算普通股收盤價之簡單算術平均數為準。

❸ 3.本轉換公司債發行後，遇有本公司以低於每股時價(註1)之轉換或認股價格再募集發行(或私募)具有普通股轉換權或認股權之各種有價證券時，本公司應依下列公式調整本轉換公司債之轉換價格(計算至新台幣角為止，分以下四捨五入，向下調整，向上則不予調整)，並函請櫃買中心公告，於前述有價證券或認股權發行之日或私募有價證券交付日調整之：

❹ 4.本轉換公司債發行後，如遇本公司非因庫藏股註銷之減資致普通股股份減少時，應依下列公式計算調整後轉換價格(計算至新台幣角為止，分以下四捨五入)，並函請櫃買中心公告，於減資基準日調整之。

(1)減資彌補虧損時：

調整後之轉換價格＝

調整前轉換價格×(減資前已發行普通股股數(註)/減資後已發行普通股股數)

資料來源：悠債網

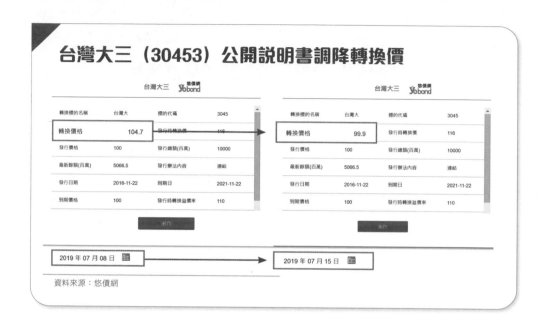

資料來源：悠債網

💲 股息發越多 轉換價調降越多

我在2019年寫的文章中提到艾美特-KY（1626）因辦理現金增資而調降轉換價格，就是因為符合上述條件1，因為只要股本擴大，必定導致盈餘被稀釋、EPS下降，降低公司的償債能力，必須調整轉換價格，以保護可轉債投資人的權益，因此又被稱為「反稀釋條款」。這點非常重要，務必清楚了解。

對一家體質正常、有獲利且常態性配發股息的公司而言，幾乎每年都會因為發放股息觸發反稀釋條款，下調轉換價格，股息發得越多，

轉換價下調幅度也越大。也因為反稀釋條款，使得可轉債的投資人會變相領到股息，所以握有可轉債的投資人，實際上是在存股。

以台灣大（3045）為例，證交所公告在2019年除息之後，轉換價格由104.7元下調為99.9元：「台灣大股份有限公司國內第3次無擔保轉換公司債（簡稱台灣大三，代碼30453）自108年7月15日起，轉換價格自104.70元調整為99.90元。」悠債網也同步更新轉換價格。

為什麼調整轉換價格，可以保護可轉債投資人的權益？以台灣大為例，除息前一天（2019年7月8日），台灣大現股收盤價122元，轉

台灣大三（30453）調整轉換價格

| 日期選擇 | 2019 年 07 月 08 日 | 悠債網 Yobond | | | | | | 搜尋 | |

CB名稱	CB代號	轉換價	轉換比例	標的股票期代碼	現股收盤價	CB理論價	CB價格	折溢價	CBAS所需權利金
鈺齊四KY	98024	54.1	1.8484	–	73.5	135.86	134.4	-1.07%	36.7
興采一	44331	30	3.3333	–	36.3	121	120	-0.83%	28.7
強信一KY	45601	48.4	2.0661	–	55.6	114.88	114	-0.77%	15.6
光隆一	89161	40.96	2.4414	–	48.65	118.77	117.9	-0.73%	19.15
台灣大三	30453	104.7	0.9551	–	122	116.52	115.7	-0.7%	16.6

資料來源：悠債網

換價104.7元，根據前述提到的轉換比例公式，一張可轉債可以換得的股票張數是0.9551張（100÷104.7），可轉債「理論上的價格」是116.52元（轉換價值＝轉換比例×股票市價＝0.9551×122）。

因為除息5.55元，除息當天7月9日台灣大的除息參考價是116.5元，倘若轉換價還是104.7，轉股拿到0.9551張的股票，可轉債「理論上的價格」卻變成了111.269元（0.9551×116.5），可轉債的持有人一覺醒來，因為除息導致股價降低，可轉債價格無端少了5.251元（116.52－111.269）。

資料來源：元大點金靈

所以才會說反稀釋條款是用來「保護可轉債投資人的權益」，除息後台灣大轉換價由原來的104.7元調降為99.9元，根據速算法轉換比例：100÷99.9＝1.001，轉換價調降之後，轉股數量由原本的一張換0.9551張股票變成了1.001張，因此股價雖然降低，可換得的股數卻變多。

在新轉換價是99.9元的情況下，7月9日的除息參考價是116.5元，可轉債「理論上的價格」則是116.617元（1.001×116.5），接近7月8日的理論價116.52元，對可轉債持有人才公平。

以上例子可以解釋反稀釋條款的重要性，因為對於買進可轉債的投資人而言，他們是「借錢」給這家公司，而非成為其「股東」，因此無法參與公司盈餘分配。就好比我們向銀行貸款開店，只會付銀行利息，不會把多賺的錢分給銀行。所以「除息」本來就跟可轉債持有人無關，但卻能因反稀釋條款而調降轉換價，換得更多的股數而受益。

💲 每股「時價」牽動轉換價格

上述4種調降轉換價的狀況都不需要特別背誦，其中除權息時轉換

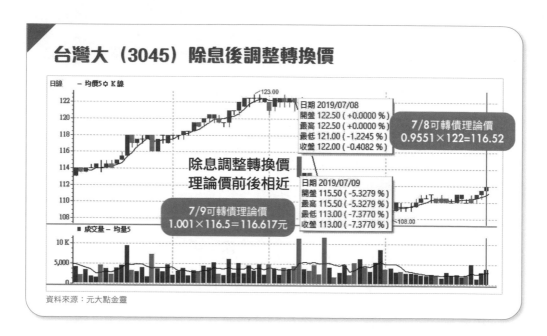

資料來源：元大點金靈

價調降的公式，大致與股價除權息公式相同，說明書中列舉如下：

調降後轉換價格＝ 調降前轉換價格 × （1 － 發放普通股現金股利占每股時價之比率）

　　其中每股時價的訂定，應以現金股息停止過戶除息公告日之前1、3、5個營業日，擇一計算普通股收盤價的簡單算術平均數為準。因為時價訂定的公式類似轉換價訂定的公式，從3個參考價格擇其一，所以調降金額跟除息金額略有不同。如台灣大雖然配息5.55元，台灣大三的轉換價僅調降4.8元（104.7－99.9），還是要以公司公告為主。

2-6 轉換年度的股利歸屬

本單元繼續說明可轉債公開說明書中的轉換公司債之上櫃及終止上櫃、轉換後新股上櫃、股本變更登記作業、換股時不足1股股份金額處理、轉換年度現金股利及股票股利歸屬、換後權利義務等相關說明。

❶ **轉換公司債之上櫃及終止上櫃**：從可轉債申請發行到結束，都必須經過主管機關同意後公告。

❷ **轉換後之新股上櫃**：同樣要主管機關同意後公告。

❸ **股本變更登記作業**：可轉債申請轉換成股票之後，會增加該公司流通在外的股數，如前述的鈺齊四（98024）股本從

互動一 (64861) 轉換後的股利歸屬

❶ 十二、本轉換公司債之上櫃及終止上櫃

本轉換公司債於發行日之前向櫃買中心申請上櫃買賣，至全數轉換為普通股股份或全數由本公司買回或償還時終止上櫃，以上事項均由本公司洽櫃買中心同意後公告之。

❷ 十三、轉換後之新股上櫃

本轉換公司債經轉換為本公司普通股者，所轉換之普通股自交付日起於櫃買中心上櫃買賣，以上事項由本公司洽櫃買中心同意後公告之。

❸ 十四、股本變更登記作業

本公司應於每季結束後十五日內，將前一季因本轉換公司債行使轉換所交付之股票數額公告，每季並應向公司登記之主管機關申請資本額變更登記至少一次。

❹ 十五、換股時不足壹股股份金額之處理

轉換本公司普通股時，若有不足壹股之股份金額，本公司將以現金償付(計算至新台幣元為止，角以下四捨五入)。

❺ 十六、轉換年度現金股利及股票股利之歸屬

(一)現金股利

1.債權人於當年度一月一日起至當年度本公司向櫃買中心洽辦現金股息停止過戶日前十五個營業日(不含)以前請求轉換者，得參與當年度股東會議發放之前一年度現金股利。

2.當年度本公司向櫃買中心洽辦現金股息停止過戶日前十五個營業日(含)起至現金股息除息基準日(含)止，停止本轉換公司債轉換。

3.債權人於當年度現金股息除息基準日次日起至十二月三十一日(含)以前請求轉換者，不得享有當年度股東會議發放之前一年度現金股利，但得參與次年度股東會決議發放之當年度現金股利。

(二)股票股利

1.債權人於當年度一月一日起至當年度本公司向櫃買中心洽辦無償配股停止過戶日前十五個營業日(不含)以前請求轉換者，得參與當年度股東會議發放之前一年度股票股利。

2.當年度本公司向櫃買中心洽辦無償配股停止過戶日前十五個營業日(含)起至無償配股除權基準日(含)止，停止本轉換公司債轉換。

3.債權人於當年度無償配股除權基準日次日起至十二月三十一日(含)以前請求轉換者，不得享有當年度股東會議發放之前一年度股票股利，但得參與次年度股東會決議發放之當年度股票股利。

❻ 十七、轉換後之權利義務

債權人於請求轉換生效後所取得普通股股票之權利義務與本公司原已發行之普通股股份相同。

轉換標的名稱	互動	標的代碼	6486
轉換價格	78.5	發行時轉換價	79
發行價格	100.2	發行總額(百萬)	600
最新餘額(百萬)	600	發行辦法內容	連結 ❶
發行日期	2019-11-22	到期日	2022-11-22
到期價格	100	發行時轉換溢價率	105
最近提前償還日	2021-11-22	最近提前償還價格	100.501
強制贖回日	❺	停止轉換起日	
❺ 停止轉換迄日		債券擔保情形	無
本月賣回張數		本月買回張數	
❸ 本月轉換張數		賣回條件	發行滿二年
停止轉換事由			

互動一 **悠債網** Yobond

2018年第4季的14.63億元，擴大為2019年第3季的17.13億元，就是因為可轉債被轉換成股票。

要注意的是，敘述當中「每季至少一次」，因為可轉債被轉換的時間點不一，通常股價大漲就容易觸發轉股，因此公司可能1～2週、甚至幾天就公告一次，而非一季只公布一次。悠債網會同步更新變動，以次頁圖為例，2019年6月，在下拉式選單中，鈺齊四KY（98024）註記被轉換了1,295張可轉債。

❹ 換股時不足1股股份金額處理：一張可轉債轉換成股票，會產生零股，如互動一的轉換價78.5元，一張可轉債可換1.2738853張股票，若有不足1股的金額，公司將以現金償付，

鈺齊四KY（98024）的轉換張數

發行日期	2018-10-02	到期日	2021-10-02
到期價格	100	發行時轉換溢價率	106.5
最近提前償還日	2020-10-02	最近提前償還價格	101.003
強制贖回日		停止轉換起日	2019-06-21
停止轉換迄日	2019-07-16	債券擔保情形	無
本月賣回張數	0	本月買回張數	0
本月轉換張數	1295	賣回條件	發行滿二年
停止轉換事由	辦理配股配息作業事宜		

關閉

2019 年 06 月 28 日 🗒

資料來源：悠債網

也有些公司不以現金，而用其他方式支付差額。此舉對股價低的公司影響不大，股價在千元以上的公司就會比較「有感」。

❺ **轉換年度現金股利及股票股利歸屬**：這個項目是把簡單的事情複雜化了，以台灣大（3045）為例，2019年除息日是7月9日，而除息基準日是7月15日，因此早在6月20日就停止轉換了，也就是條文提到的「停止過戶日前15個營業日（含）起至現金股息除息基準日（含）止，停止本轉換公司債轉換。」悠

債網都已經標示得很清楚，不需要特別記。

既然在除權息前就停止轉換了，6月20日之前拿可轉債換股票成功的人，理所當然可以參加7月9日除息，條文只是告訴你，2019年7月9日除息之後才申請轉換可轉債拿到股票的人，沒辦法拿到7月9日除息的錢，只能參加次年（2020年）的除息，其實有些多餘。所以大家不要看到字數越多，好像就越難理解，很多時候只是在敘述一般人早就知道的常識而已。

❻ **轉換後權利義務**：如字面所述，用可轉債轉出的股票，與在股市買來的股票是一樣的。

資料來源：悠債網

2-7

可轉債的贖回權

本單元繼續說明可轉債公開說明書的贖回權項目。

公司對本轉換公司債之贖回權：可轉債明確記載了從發行到結束的時間，比如互動一（64861）是2019年11月22日發行、2022年11月22日到期。當你購入互動一可轉債，就如同公司向你借款，你變成公司的債權人，到2022年11月22日，公司至少要還你100元（到期價格為100元），類似向銀行貸款買房子，必須支付銀行利息一樣。

若是你年底領了年終獎金，你可以提前跟銀行解約，還清所有貸

互動一（64861）的贖回權

十八、本公司對本轉換公司債之贖回權

(一)本轉換公司債於發行滿三個月之次日(民國109年2月23日)起至發行期間屆滿前四十日(民國111年10月13日)止，若本公司普通股股票之收盤價格連續三十個營業日超過當時轉換價格達百分之三十(含)時，本公司得於其後三十個營業日內，以掛號寄發給債權人(以「債券收回通知書」寄發日前第五個營業日債權人名冊所載者為準)一份三十日期滿之「債券收回通知書」(前述期間自本公司寄發之日起算，並以該期間屆滿日為債券收回基準日，且前述期間不得為第九條之停止轉換期間)，對於其後因買賣或其他原因始取得本轉換公司債之投資人，則以公告方式為之，且函請櫃買中心公告債權人贖回權之行使，

債券收回基準日，且前述期間不得為第九條之停止轉換期間)，對於其後因買賣或其他原因始取得本轉換公司債之債權人，則以公告方式為之，且函請櫃買中心公告債權人贖回權之行使，並於債券收回基準日後五個營業日內，按債券面額以現金收回流通在外之本轉換公司債。

(三)若債權人於「債券收回通知書」所載債券收回基準日前，未以書面回覆本公司股務代理機構(於送運時即生效力，採郵寄者以郵戳日為憑)者，本公司於債券收回基準日後五個營業日內，將其所持有之本轉換公司債按面額以現金收回。

互動一 **悠債網 Yobond**

轉換標的名稱	互動	標的代碼	6486
轉換價格	78.5	發行時轉換價	79
發行價格	100.2	發行總額(百萬)	600
最新餘額(百萬)	600	發行辦法內容	連結
發行日期	2019-11-22	到期日	2022-11-22
到期價格	100	發行時轉換溢價率	105
最近提前償還日	2021-11-22	最近提前償還價格	100.501
強制贖回日		停止轉換起日	
停止轉換迄日		債券擔保情形	無
本月賣回張數		本月買回張數	
本月轉換張數		賣回條件	發行滿二年
停止轉換事由			

資料來源：悠債網

款，不再支付利息。但公司發行可轉債向投資人借錢，可以「提前解約」嗎？

這個贖回條款就是可轉債的「提前解約」條款，但是與銀行貸款不同，可轉債若提前解約，可能造成投資人損失，例如持有可轉債的人可以在2021年11月22日要求公司以100.501元買回，那有沒有可能公司為了想省下0.501的費用，故意在10月31日強制以100元回收可轉債？或是投資人買進苦等半年之後，公司股價正處於大多頭，可轉債持有人準備要大撈一筆時，公司突然宣布「提前解約」，回收可轉債？以上狀況都可能造成投資人的潛在損失。

為了避免這種狀況，發行條文當中明訂僅有以下2種狀況，才可以「提前解約」，簡單來說就是：「漲得多」以及「剩很少」。

情況❶ 漲得多

轉換標的的股價連續30個營業日超過轉換價130%，例如互動一轉換價78.5元，互動的股價必須連續30個交易日超過102.05元（78.5×130%），公司才能提前解約。

情況❷ 剩很少

流通在外的可轉債剩10%以下，例如互動一的發行總額是6億

元，相當於6,000張的可轉債，如果這6,000張可轉債被轉換到剩下600張，有5,400張都被轉換成股票，公司也能強制贖回剩餘的可轉債。

但實際上，兩種狀況其實是互為因果，通常都是價格上漲引發轉股，才導致流通數量降低，如健策二（36532）在2018年5月31日發行，因為股價大漲引發轉股，公司便提前在2019年7月15日強制贖回。此時流通在外數量從1萬張降到剩下17張，因為股價以及可

健策二（36532）的強制贖回及條款

健策:公告本公司國內第二次無擔保轉換公司債(健策二，債券代號36532)行使贖回權暨終止櫃檯買賣相關事宜

※來源：台灣證券交易所 2019/05/27 18:40

第51款
1.事實發生日:108/05/27
2.公司名稱:健策精密工業股份有限公司
3.與公司關係(請輸入本公司或子公司):本公司
4.相互持股比例:不適用
5.發生緣由:
本公司「健策二」無擔保轉換公司債截至108年04月30日止，發行流通餘額為新台幣37,100,000元，占原發行總額1,000,000,000元之3.71%，已低於原發行總額之10%，依據『發行及轉換辦法』相關規定，向債權人行使贖回權。
6.因應措施:
(一)依本公司國內第二次無擔保轉換公司債發行及轉換辦法第十八條第二項規定，本債券流通在外餘額低於原發行總額之10%時，本公司得以掛號寄發給債券持有人一份一個月期滿之「債券收回通知書」，且函請櫃檯買賣中心公告向債券持有人行使贖回權，並於債券收回基準日後五個營業日按債券面額以現金收回其流通在外之本轉換債。
(二)公司債行使贖回權相關作業期間及事項如下：
(1)受理轉換公司債收回期間：108年6月13日至108年7月12日。
(2)轉換公司債收回基準日：108年7月12日。
(3)轉換公司債終止櫃檯買賣日期：108年7月15日。
(4)本公司將統一於108年7月19日以匯款或郵寄支票予各債券持有人。
(三)本公司股務代理機構：中國信託商業銀行代理部
(地址:台北市中正區重慶南路一段83號5樓;電話:(02)6636-5566)
7.其他應敘明事項:無。

健策二 悠債網 Yobond

轉換標的名稱	健策	標的代碼	3653
轉換價格	68	發行時轉換價	70
發行價格	100.5	發行總額(百萬)	1000
最新餘額(百萬)	1.7	發行辦法內容	連結
發行日期	2018-05-31	到期日	2023-05-31
到期價格	100	發行時轉換溢價率	105.79
最近提前償還日	2021-05-31	最近提前償還價格	100
強制贖回日	2019-07-15	停止轉換起日	2019-04-14
停止轉換迄日	2019-06-12	債券擔保情形	無
本月賣回張數		本月買回張數	
本月轉換張數		賣回條件	發行滿三年
停止轉換事由	辦理股東常會作業事宜		

資料來源：悠債網

轉債已經大漲，持有者也早就賺飽飽，所以會受到影響的人微乎其微。

　　造成流通在外可轉債數量降低還有一個原因，就是「賣回」。如果公司股價已經跌到讓投資者懷疑人生，如昇華二（48062）在2019年5月4日轉換價52元，但現股價格不到12元，投資人覺得再繼續持有也不會突破轉換價，所以大部分持有人選擇賣回給公司，

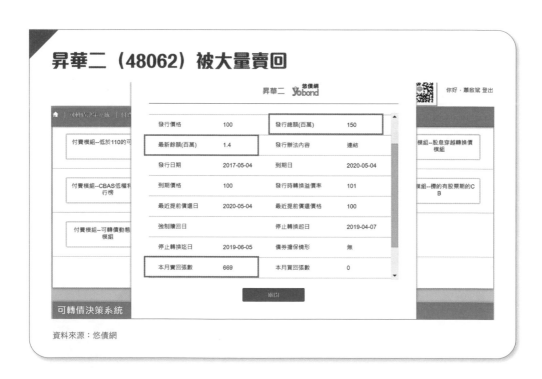

昇華二（48062）被大量賣回

發行價格	100	發行總額(百萬)	150
最新餘額(百萬)	1.4	發行辦法內容	連結
發行日期	2017-05-04	到期日	2020-05-04
到期價格	100	發行時轉換溢價率	101
最近提前贖還日	2020-05-04	最近提前贖還價格	100
強制贖回日		停止轉換起日	2019-04-07
停止轉換迄日	2019-06-05	債券擔保情形	無
本月賣回張數	669	本月買回張數	0

資料來源：悠債網

當月總共有669張賣回，占了發行數量1,500張的44.6%，流通數量更在5月之後僅剩14張，這時公司便可以引用這個條款，強制回收可轉債。

要提醒讀者的是，「贖回權」是公司權利，公司可以選擇是否執行，如同上述昇華二的例子，雖然已經符合條件，但公司並沒有執行贖回權。而健策二僅發行1年多就強制回收，如果公司在符合條件下第一時間執行強制贖回，市面上就看不到高於130元的可轉債了。

2-8
債權人的賣回權

本 單元繼續說明可轉債公開說明書的賣回權。

債權人的賣回權：賣回權是可轉債公開說明書最後一個重點，這項設計會讓很多初學者搞混。初學者常無法分辨「賣回」以及「到期」的差異，因為「最近提前償還日」有可能是「賣回日」，也有可能是「到期日」，務必要搞清楚賣回權的意義。

賣回權與贖回權相對，贖回權賦予發行公司可「提前解約」回收可轉債的權力；賣回權則是屬於債權人「提前解約」的權力，依照公開說明書上所約定的時間日期，可轉債持有者可以選擇執

債權人的賣回權條款

> **十九 債權人之賣回權**
>
> 　　本轉換公司債以發行滿二年之日(110年11月22日)為債權人提前賣回本轉換公司債之賣回基準日。本公司應於賣回基準日之前四十日(110年10月13日)前，以掛號寄發一份「賣回權行使通知書」予債權人(以「賣回權行使通知書」寄發日前第五個營業日債權人名冊所載者為準，對於其後因買賣或其他原因始取得本轉換公司債之債權人，則以公告方式為之)，並函請櫃買中心公告債權人賣回權之行使，債權人得於賣回基準日前四十日內以書面通知本公司股務代理機構(送達時即生效力，採郵寄者以郵戳為憑)，要求本公司以債券面額加計利息補償金【滿二年為債券面額之100.5006%(實質收益率0.25%)】，將其所持有之本轉換公司債以現金贖回。本公司受理賣回請求，應於賣回基準日後五個營業日內以現金贖回本轉換公司債。

互動一　悠債網 YObond

轉換標的名稱	互動	標的代碼	6486
轉換價格	78.5	發行時轉換價	79
發行價格	100.2	發行總額(百萬)	600
最新餘額(百萬)	600	發行辦法內容	連結
發行日期	2019-11-22	到期日	2022-11-22
到期價格	100	發行時轉換溢價率	105
最近提前償還日	2021-11-22	最近提前償還價格	100.501
強制贖回日		停止轉換起日	
停止轉換迄日		債券擔保情形	無
本月賣回張數		本月買回張數	
本月轉換張數		賣回條件	發行滿二年
停止轉換事由			

資料來源：悠債網

行或不執行賣回權。

賣回權只有兩個簡單的問題要面對：何時賣回、用多少錢賣回。以互動一來說，可轉債在2022年11月22日到期，而在2021年11月22日有一次「提前解約」的機會（見前頁圖），可以用100.501元賣回給公司。

那什麼情況選擇執行，又什麼時候選擇不執行呢？最簡單的判斷方式就是，當可轉債的市價大於賣回價時，大多投資人都不會執行賣回權。舉例而言，艾美特二KY（16262）在2019年9月30日有一次以101.003元賣回的機會，不過9月時艾美特二KY的市價在110元以上，9月27日還有112.8元，如果選擇賣回給公司，只能拿回101.003元，直接賣出可以獲得112.8元，投資人當然選擇不執行賣回。另外，如要執行賣回，投資人必須親臨櫃台填單。

在前面提到投資人大量賣回、導致昇華二流通在外數量大幅降低的例子，昇華不但因為股價暴跌，2月營收甚至只有2萬元，讓人懷疑公司是否還能繼續營運下去，而可轉債價格還曾經跌至61.25元。更糟的是，市場上對於公司償債能力大有疑慮，使得

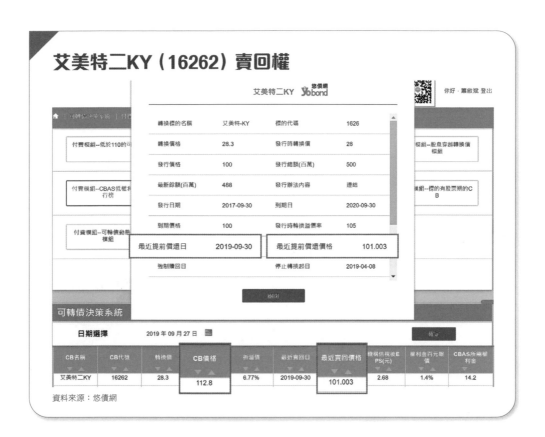

艾美特二KY（16262）賣回權

艾美特二KY 悠債網 Yobond

你好，蕭啟斌 登出

轉換標的名稱	艾美特-KY	標的代碼	1626
轉換價格	28.3	發行時轉價債	28
發行價格	100	發行總額（百萬）	500
最新餘額（百萬）	488	發行辦法內容	連結
發行日期	2017-09-30	到期日	2020-09-30
到期價格	100	發行時轉換溢價率	105
最近提前償還日	2019-09-30	最近提前償還價格	101.003
強制贖回日		停止轉換起日	2019-04-08

回列

可轉債決策系統

日期選擇 2019 年 09 月 27 日　　　　　　　　　 確定

CB名稱	CB代號	轉換價	CB價格	折溢價	最近賣回	最近賣回價格	機構估稅後E PS(元)	權利金百元報價	CBAS所需權利金
艾美特二KY	16262	28.3	112.8	6.77%	2019-09-30	101.003	2.68	1.4%	14.2

資料來源：悠債網

可轉債成交量銳減，日成交均量不到10張，喪失流動性。在如此岌岌可危的情況下，可轉債持有人莫不期待賣回日的到來，到了可以賣回的時間點2019年5月4日，幾乎所有投資人都執行賣回權。

　　而從昇華二的例子即可得知，「提前解約」的賣回權是一種保障投資人的機制，賣回日期越遙遠，風險越高，越無法預測。如果沒有賣回權，昇華二必須等到2020年5月4日才到期還款，可轉債持有人必須多提心吊膽1年。而賣回權次數可能有1次，或1次以上，也可能一次都沒有。以艾訊一（30881）為例，分別在滿第2、第

資料來源：悠債網

艾訊一（30881）賣回條文

十九、債券持有人之賣回權：

本轉換公司債以**發行滿二年之日(107 年 12 月 13 日)**之日轉換公司債持有人提前賣回本轉換公司債之賣回基準日。本公司應於賣回基準日之前四十日前，以掛號寄發一份「賣回權行使通知書」予債券持有人(以「賣回權行使通知書」寄發日前第五個營業日債券持有人名冊所載者為準對於其後因買賣或其他原因抽取得本轉換公司債之債券持有人，則以公告方式為之)，並函請櫃買中心公告本轉換公司債持有人賣回權之行使，債券持有人得於賣回基準日之前四十日內以書面通知本公司股務代理機構(於送達時即生效力，採郵寄者以郵戳為憑)，要求本公司以債券面額之**102.01%**【滿二年之實質年收益率為 1.0%】將其所持有之本轉換公司債以現金贖回。本公司受理賣回請求，應於賣回基準日加五個營業日前以現金贖回本轉換公司債。前述日期如適台北市證券集中交易市場停止營業之日將順延至次一營業日。

本轉換公司債以發行滿三年之日(108 年 12 月 13 日)之日轉換公司債持有人提前賣回本轉換公司債之賣回基準日。本公司應於賣回基準日之前四十日前，以掛號寄發一份「賣回權行使通知書」予債券持有人(以「賣回權行使通知書」寄發日前第五個營業日債券持有人名冊所載者為準對於其後因買賣或其他原因抽取得本轉換公司債之債券持有人，則以公告方式為之)，並函請櫃買中心公告本轉換公司債持有人賣回之行使，債券持有人得於賣回基準日之前四十日內以書面通知本公司股務代理機構(於送達時即生效力，採郵寄者以郵戳為憑)，要求本公司以債券面額之**103.0301%**【滿三年之實質年收益率為 1.0%】將其所持有之本轉換公司債以現金贖回。本公司受理賣回請求，應於賣回基準日加五個營業日前以現金贖回本轉換公司債。前述日期如適台北市證券集中交易市場停止營業之日，將順延至次一營業日。

資料來源：悠債網

奇力新四 (24564) 賣回條文

奇力新電子股份有限公司
國內第四次無擔保轉換公司債發行及轉換辦法

一、債券名稱：

　　奇力新電子股份有限公司(以下簡稱「本公司」)國內第四次無擔保轉換公司債
(以下簡稱「本轉換公司債」)。

二、發行日期：

　　票面年利率為0％。

六、還本日期及方式：

> 除本轉換公司債之持有人依本辦法第十條轉換為本公司普通股，或由證券
> 商營業處所買回註銷者外，本公司於本債券到期時依債券面額將債券持有人所持
> 有之本債券以現金一次償還。

奇力四　悠債網 Yobond

發行日期	2015-05-29	到期日	2020-05-29
到期價格	100	發行時轉換溢價率	103
最近提前償還日	2020-05-29	最近提前償還價格	100
強制贖回日		停止轉換起日	2015-06-22
停止轉換迄日	2015-07-17	債券擔保情形	無
本月賣回張數	0	本月買回張數	0
本月轉換張數	0	賣回條件	無
停止轉換事由	辦理配股配息作業事宜		

可轉債決策系統

日期選擇　2015 年 12 月 02 日

資料來源：悠債網

3年時,各有1次賣回的機會。

　相對來說,奇力新四(24564)雖然也是5年到期的可轉債,到期前卻沒有任何一次賣回機會,甚至公開說明書也沒有提到賣回權,僅註明「到期以現金一次償還」。

　對於初學者來說,常常無法理解「到期日」以及「賣回日」有什麼差異,從奇力新四的例子可以發現,最近提前償還日跟到期日都是同一天2020年5月29日,到期日也被視為賣回日,而且是最後一次的賣回。回頭再看艾訊一的例子,艾訊一在到期前的2次賣回日分別是發行滿2年的2018年12月13日以102.01元賣回,以及發行滿3年的2019年12月13日以103.03元賣回。因此在2016年12月21日查詢時會顯示「最近提前償還日」是2018年12月13日,而在2019年1月7日查詢時的「最近提前償還日」,則成為2019年12月13日。

　就如次頁圖時間軸所顯示,根據賣回日的時間點不同,得到的結果也會不同,而過了2019年12月13日之後,因為我們查詢的時間處於Zone 3,所以最近提前償還日會與到期日是同一天,即2021年12月13日。

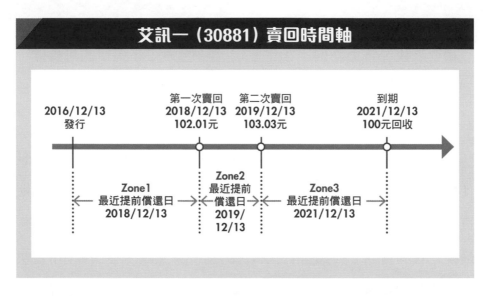

艾訊一（30881）賣回時間軸

2016/12/13
發行

第一次賣回
2018/12/13
102.01元

第二次賣回
2019/12/13
103.03元

到期
2021/12/13
100元回收

Zone1
最近提前償還日
2018/12/13

Zone2
最近提前
償還日
2019/
12/13

Zone3
最近提前償還日
2021/12/13

奇力新四（24564）賣回時間軸

2015/5/29
發行

到期
2020/5/29
100元回收

Zone1
最近提前償還日
2020/5/29

奇力新四因為沒有賣回權，無論在什麼時候查詢，最近提前償還日都會顯示為2020年5月29日，因此只有Zone 1，沒有別區了。

以上是藉由互動一的公開說明書，來解釋可轉債的重要專有名詞，各家公開說明書的敘述大同小異，讀懂1份說明書，其他家公司的也會懂。接下來將進一步探討，影響可轉債價格的關鍵因子。

第3章

贏家關鍵
掌握可轉債價格變動

3-1

可轉債價格首道防線： TCRI風險指標

上一個章節，我從一檔可轉債發行的公開說明書當中，解釋了包含轉換價格、轉換比例、賣回、贖回以及反稀釋條款等可轉債的基本專有名詞。對這些名詞有初步認識之後，接著就可直搗問題核心：影響可轉債價格有哪些因素？

我大都用口語化的方式，來講解專業的可轉債專有名詞，並盡量以圖形取代文字說明，但此處還是必須提及管理學常使用的布萊克─休斯模型（Black-Scholes Model，簡稱B-S Model），它是一種用於期權定價的數學模型，由美國經濟學家麥倫・休斯（Myron Scholes）與費雪・布萊克（Fischer Black）首先提出，針對股票、債券、貨幣、商

品等衍生性金融商品，提供了合理的定價基礎。我們不是要拿這麼複雜的算式嚇讀者，只是想跟大家討論一個看似簡單的問題：可轉債的價格到底是怎麼決定的？

為什麼會提到B-S Model呢？因為可轉債就是由一個「普通債券本體」加上「可轉換成股票的權利」結合而成，就像把一張可轉債拆解為債券（Bond）及選擇權（Option）兩部分。

以前面提到的艾美特二（16262）為例，若在2019年9月27日持有一張市價112.8元的艾美特二，就如同次頁圖所示，債券本體有101.003元的賣回價值，加上11.797元轉換為股票的權利。

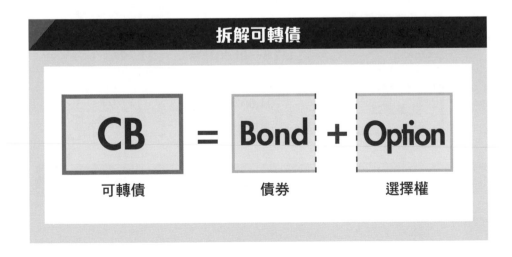

拆解可轉債

$$CB = Bond + Option$$

可轉債　　　　債券　　　　選擇權

拆解艾美特二（16262）可轉債結構

艾美特二KY　**悠債網 Yo bond**

轉換標的名稱	艾美特-KY	標的代碼	1626
轉換價格	28.3	發行時轉換價	28
發行價格	100	發行總額(百萬)	500
最新餘額(百萬)	488	發行辦法內容	連結
發行日期	2017-09-30	到期日	2020-09-30
到期價格	100	發行時轉換溢價率	105
最近提前償還日	2019-09-30	最近提前償還價格	101.003
強制贖回日		停止轉換起日	2019-04-08

CB	**=**	**Bond**	**+**	**Option**
112.8	=	101.003	+	Option
Option	=	112.8−101.003	=	11.797

艾美特二	**=**	**101.003**（賣回）	**+**	**11.797**（選擇權）

CB代號	轉換價	CB價格	折溢價	最近賣回日	最近賣回價格	機構估稅後EPS(元)	權利金百元報價	CBAS所需權利金
16262	28.3	112.8	6.77%	2019-09-30	101.003	2.68	1.4%	14.2

資料來源：悠債網

上頁圖是可轉債市價超越賣回價的例子，但可轉債市價低於賣回價，又該如何解釋呢？以奇力新四（24564）來說，在2015年12月2日持有一張市價91.4元的可轉債，按照次頁的示意圖，豈不變成了債券本體有100元的賣回價值，加上「-8.6元」轉換為股票的權利？

若選擇權價值為負數，拖累了債券本體的價格，使賣回價格低於市價，似乎意味著不具轉換成股票權利的普通公司債，價格會高於可轉債？這個講法並不合邏輯，公司「多給」投資人轉股的權利並不是缺點，這情況只是說明了債券本體價值低於市場行情，導致可轉債價格偏低，而不是選擇權小於0削減了可轉債的價值。

假設在2015年底，奇力新四債券本體價格為X，選擇權價格為Y，因此得到91.4＝X＋Y，而Y≧0是已知，因此推論X必定≦91.4。

因此實際的情況是，債券有價但不是91.4，選擇權也有價且不小於0，因此又回到老問題：選擇權及債券各值多少錢？為何會有跌破賣回價的可轉債呢？

💲 可轉債價格變動 非單一因素造成

這就回到為何要提到B-S Model，這套模型不僅是券商法人拿來替

奇力新四（24564）價格低於賣回價

奇力四　悠債網 Yobond

發行日期	2015-05-29	到期日	2020-05-29
到期價格	100	發行時轉換溢價率	103
最近提前償還日	2020-05-29	最近提前償還價格	100
強制贖回日		停止轉換起日	2015-06-22
停止轉換迄日	2015-07-17	債券擔保情形	無
本月賣回張數	0	本月買回張數	0
本月轉換張數	0	賣回條件	無

日期選擇　2015 年 12 月 02 日 ▦

CB = **Bond** + **Option**

91.4 = 100 + Option

Option = 91.4 − 100 = −8.6

艾美特二 = 100（賣回） + −8.6（選擇權）

CB代號	轉換價	轉換比例	現股收盤價	CB理論價	CB價格	折溢價	最近賣回日	最近賣回價格
24564	71.9	1.3908	52.3	72.74	91.4	25.65%	2020-05-29	100

資料來源：悠債網

衍生性金融商品訂價的工具，對解釋可轉債價格也非常重要。先前預估艾美特二的「價格」其實是「大幅簡化」後的結果，我們硬說一張112.8元的艾美特二是由101.003元的債券加11.797元選擇權組合而成，只是為了方便解說，「市價」其實是各種因素的總和。

這一小段只是閒聊，不要鑽牛角尖，我只是希望藉由例子加深「賣回」以及「可轉債選擇權的價值」在讀者腦中印象。

我生性討厭公式，只是拿公式凸顯可轉債價格是由多項因素決定，而非風險太高、公司業績不好或其他單一因素造成。可轉債跟其他金融商品相同，最終都是以供需原理決定價格。

上市價格與發行條件高度相關

我曾寫過關於瓦城一（27291）可轉債競價拍賣的專欄文章，有些讀者對我準確猜中了瓦城一上市當天價格可能介於102～105元相當吃驚。因為在文中我提早建議在競價拍賣時，出價不要超過105元，之後瓦城平均得標金額高達109.92元，上市第一天收盤價僅104.3元，參與投標者可說損失慘重。

為何我能「猜」到瓦城一大概的價格呢？如果你跟我一樣看過上千

檔可轉債的發行，你也可以憑著經驗猜出大概的價格區間。其實，可轉債初期上市的價格與發行條件高度相關，因此要討論影響可轉債價格的因素時，就必須先觀察發行條件如何影響新發行可轉債的行情。

首先，可轉債在發行之前，會先經過董事會同意後再送件生效，這些都是必須揭露的資訊。以互動一為例，公司在2019年10月9日發出董事會決議發行可轉債的公告，在11月6日生效，並於11月22日掛牌。這些發行案件的資訊都會在網路上公告，有些券商會將這些資訊整理出來，並mail給客戶。

💲 無擔保可轉債靠指標評估風險

影響可轉債發行價格的首要因素是「風險」，可用此條件將可轉債分為有擔保及無擔保2大類，因為具備擔保品的可轉債在銀行有抵押物，公司違約時將處分擔保品作為賠償，保障債權人，就像你的房貸及車貸，如果你還不出錢，就會被法拍。然而，並不是每家公司發行可轉債都會提供擔保品，因為擔保品對上市櫃企業是額外的成本。因此實際的情況是，過半的公司是以無擔保方式發可轉債籌資，如何衡量這些沒有抵押物保障的無擔保可轉債，就成了至為重要的課題。

　　這就好比二手車市場，每台車的外表看起來都差不多，但資訊不對稱，消費者購買前無法分辨選擇的是車況優良的香甜水蜜桃，還是問題百出的檸檬車（指有瑕疵的問題車），因此在消費者購買之前，就有所謂「公正第三方」，先由專業技師檢查，並且出具相關報告。同樣道理，對於無擔保的可轉債，就必須仰賴信用評等機構的指標，來判斷這家公司的可轉債是檸檬或水蜜桃。

　　時間拉回到2011年8月6日早上，國際評級機構標準普爾將美國AAA級長期主權債務評級下調一級至AA+，評級前景展望為「負面」，這是美國有史以來第一次失去標普的3A主權信用評級。這個結果不代表美債就會立刻違約，但依然引發全球金融市場劇烈震盪。

　　國際知名的大型信用評等機構有標準普爾信用評等公司（Standard & Poor's）及穆迪信用評等公司（Moody's Investors Service）等，而台灣使用最廣泛的指標則是《台灣經濟新報》（TEJ）提供的「台灣企

小辭典

👉　　**主權債務評級**　用以展現一國的償債意願和能力，評級內容很廣，除了要對一個國家的國內生產總值增長趨勢、對外貿易等影響國家償還能力的因素進行分析，還要對金融體制改革、社會保障體制改革所造成的財政負擔進行分析，最後進行評級，主權評級標準從AAA至C。

業信用風險指標」（TCRI）。

TCRI將風險程度簡單區分為1～9，而TCRI應用於無擔保可轉債時，大致可分為3個區間：1～3、4～6及7～9，分別代表低、中、高風險。

為了說明有無擔保及TCRI高低對可轉債價格的影響，我們以2019年發行的可轉債為樣本進行統計。

2019年總共發行了71檔可轉債，其中有擔保27檔、無擔保44檔，觀察上市首日可轉債的收盤價（71檔可轉債當中，VHQ二因為券商資料無TCRI評級，故不予統計）。

首先看有擔保可轉債發行首日收盤行情，27檔可轉債平均收盤價高達109.05（4捨5入至小數點第2位，下同），甚至家登二（36802）上市首日因漲停鎖死零成交，隔日才打開漲停板，因此可以得知，是否提供擔保，對可轉債上市價格影響極大。

上市首日收盤價

為方便說明，我將「上市首日收盤價」自行定義為「第一個有成交的日期」，如家登二（36802）於首日並無成交量，從頭到尾漲停鎖死，於隔日漲停板打開，則以隔日收盤價為上市首日收盤價。

2019年有擔保可轉債上市日收盤價

可轉債名稱	股票代碼	可轉債代碼	擔保	發行日期	上市首日收盤價（元）
三顧三	3224	32243	有	2019/1/9	111.1
三洋紡一	1472	14721	有	2019/1/30	111.1
六角二	2732	27322	有	2019/2/20	110.5
大立二	4716	47162	有	2019/3/5	110.5
威剛六	3206	32606	有	2019/5/8	110
炎洲八	4306	43068	有	2019/6/14	107
炎洲九	4306	43069	有	2019/6/14	107
久陽二	5011	50112	有	2019/6/17	105
台通四	8011	80114	有	2019/6/24	110
海悅一	2348	23481	有	2019/7/16	110
訊映一	4155	41551	有	2019/7/23	116
連展投控	3710	37101	有	2019/7/31	108.05
世鎧一	2063	20631	有	2019/8/2	109
邑昇一	5291	52911	有	2019/8/12	110
泰博三	4736	47363	有	2019/8/21	112.7
今展科二	6432	64322	有	2019/9/3	110
皇普二	2528	25282	有	2019/9/25	106.05
皇將一	4744	47441	有	2019/10/17	110
德淵二	4720	47202	有	2019/10/23	103.2
沛波二	6248	62482	有	2019/11/8	106.5
金益鼎五	8390	83905	有	2019/11/19	107.2
家登二	3680	36802	有	2019/11/21	121
鑫龍騰一	3188	31881	有	2019/11/25	103.7
艾美特三KY	1626	16263	有	2019/12/4	106
龍燈四KY	4141	41414	有	2019/12/6	106.65
來思達一	8066	80661	有	2019/12/17	107.1
聯嘉一	6288	60881	有	2019/12/25	111.1

2019年無擔保可轉債上市日收盤價

可轉債名稱	股票代碼	可轉債代碼	TCRI	發行日期	上市首日收盤價（元）
華漢三	6414	64143	4	2019/2/26	107.85
文曄六	3036	30366	4	2019/7/1	106.35
奇力新六	2456	24566	4	2019/9/12	106
矽格三	6257	62573	4	2019/10/15	108
山林水一	8473	84731	5	2019/1/4	98
正文五	4906	49065	5	2019/3/15	107.75
立隆電二	2472	24722	5	2019/3/18	104.7
杏昌一	1788	17881	5	2019/4/18	105.65
雙鴻三	3224	32243	5	2019/5/29	110
智易一	3596	35961	5	2019/6/6	104.65
時碩工業一	4566	45661	5	2019/8/27	110.35
鼎炫一KY	8499	84991	5	2019/10/7	111.1
德淵三	4720	47203	5	2019/10/24	99
廣越一	4438	44381	5	2019/10/29	106.1
世豐一	2065	20654	5	2019/11/18	101.7
迅得一	6438	64381	5	201911/25	110
瓦城一	2729	27291	5	2019/12/11	104.3
動力一KY	6591	65911	6	2019/1/3	98.15
興采一	4433	44331	6	2019/1/17	97.2
科妍一	1786	17861	6	2019/3/4	100.7
立敦三	6175	61753	6	2019/3/4	104.55
康控一KY	4943	49431	6	2019/4/2	112.25
亞航一	2630	26301	6	2019/7/9	102.7
亞航二	2630	26302	6	2019/7/10	101.9
泰碩二	3338	33382	6	2019/8/20	111.1
聯合三	4129	41293	6	2019/9/10	104.5
凡甲四	3526	35264	6	2019/9/30	104.7
百德一	4563	45631	6	2019/10/9	100.05

（續）2019年無擔保可轉債上市日收盤價

可轉債名稱	股票代碼	可轉債代碼	TCRI	發行日期	上市首日收盤價（元）
嘉晶三	3016	30163	6	2019/10/31	111.1
昇陽半導體一	8028	80281	6	2019/11/13	110.6
興能高一	6558	65581	6	2019/11/20	107.25
互動一	6486	64861	6	2019/11/22	103.3
jpp二KY	5284	52842	6	2019/11/28	100.3
特昇一KY	6616	66161	6	2019/12/3	99.5
麗清二	3346	33462	7	2019/2/19	100.35
濱川六	1569	15696	7	2019/2/27	97.1
金穎生技一	1796	17961	7	2019/3/6	91.7
久陽三	5011	50113	7	2019/6/18	92.1
沛波三	6248	62483	7	2019/11/11	97.4
英瑞一KY	1592	15921	7	2019/11/18	98.2
事欣科二	4916	49162	7	2019/12/13	91.9
安集一	6477	64771	7	2019/12/20	101
龍燈五KY	4141	41415	7	2019/12/9	91.35

　　由2019年的統計資料可以得到一個初步結論：有擔保的可轉債於上市當天的漲停機率很高，平均價格也高達109.05；而無擔保可轉債受到TCRI影響，風險越高，上市價格可能越低。

　　但發行條件跟行情沒有絕對關係，就好比有的可轉債是含著金湯匙發行的（條件很好、有擔保），有些卻是出生在低收入戶（TCRI大於7，發行條件極差），但最後的成就（最高價）跟出身沒有太大的關係，條件不好的可轉債價格，也有可能一飛沖天。

3-2
轉換溢價率過低
稀釋股票投資人權益

影響可轉債價格的重要因素，除了風險，還有溢價率，指的是在公開說明書中提到的「轉換溢價率」，如次頁圖所示，互動一（64861）的轉換溢價率是105%。

「溢價率」在公開說明書出現的頻率如此之高，足見其重要性，因為它關係到轉換價的高低。章節2-4提到轉換價是由「**基準轉換價格×轉換溢價率**」決定，無論股價如何波動，轉換價理論上都不會離訂價時的股價太遠，但公司必須考量轉換價過低是否會損害股東權益。

例如公司在9月1日以10元發行增資股，到了12月1日公司想發行可轉債時，股價卻跌到只剩下8元，如果轉換價比10元低太多，對先

轉換價格和溢價率

互動一　悠債網 **Yobond**

發行日期	2019-11-22	到期日	2022-11-22
到期價格	100	發行時轉換溢價率	105
最近提前償還日	2021-11-22	最近提前償還價格	100.501
強制贖回日		停止轉換起日	
停止轉換迄日		債券擔保情形	無

代碼	價券代碼	發行標的	TCRI/擔保	發行量（億）	溢價率（%）
1592	15921	英瑞一KY	TCRI 7/無擔	2.00	102.01
2065	20654	世豐一	TCRI 6/無擔	4.02	110.00
8390	83905	金益鼎五	TCRI 6/上海銀、新光銀	5.00	105.00
6588	65881	興能高一	TCRI 6/無擔	5.00	108.30
3680	36802	家登二	TCRI 9/板信銀	3.00	102.00
6486	64861	互動一	TCRI 6/無擔	6.00	105.00
6438	64381	迅得一	TCRI 5/無擔	4.00	102～110
3188	31881	鑫龍騰一	TCRI 6/新光銀	3.00	102～110
5284	52842	JPP二KY	TCRI 6/無擔	2.00	102～110

十一、轉換價格及其調整

　　(一)轉換價格之訂定方式

　　　　本轉換公司債轉換價格之訂定，以民國108年11月14日為轉換價格訂定基準
日，取基準日(不含)前一個營業日、前三個營業日、前五個營業日之本公司
普通股收盤價之簡單算術平均數擇一為基準價格　乘以105%之轉換溢價率，
為計算轉換價格(計算至新台幣角為止，分以下四捨五入)之依據。基準日前
如遇有除權或除息者，其經採樣用以計算轉換價格之收盤價，應先設算為除
權或除息後價格；轉換價格於決定後至實際發行日前，如遇有除權或除息
者，應依轉換價格調整公式調整之。依上述方式，本債券發行時之轉換價格
為每股新台幣78.5元。

資料來源：悠債網

轉換價對EPS的影響

轉換價（元）	可轉債轉股數量	稀釋後EPS（元）
100	1萬張（1,000萬股）	10億元÷（1億股＋1,000萬股）＝9.09
50	2萬張（2,000萬股）	10億元÷（1億股＋2,000萬股）＝8.33
20	5萬張（5,000萬股）	10億元÷（1億股＋5,000萬股）＝6.67
10	10萬張（1億股）	10億元÷（1億股＋1億股）＝5

註：每股盈餘（EPS）＝稅後淨利÷在外流通股數

前認購增資股的股東不利。

　　轉換價過低，為何會損害股東權益？先前提過，可轉債發行的總額以及籌資金額是固定的，轉股數量卻會隨著轉換價變動。依照「一張可轉債可換多少張股票」的公式「**轉換比例＝100÷轉換價**」，轉換價10元，一張可轉債可以換10張股票；轉換價20元，一張可轉債可以換5張股票，以此類推。假設一家股本10億元（流通在外股數1億股）的公司即將發行10億元（1萬張）的可轉債，公司預計今年的稅後盈餘也是10億元，每股盈餘（EPS）正好為10元，若可轉債發行後股價大漲，10億元可轉債悉數轉換完畢，轉換價高低對於EPS影響如上表。

　　轉換價越高，EPS被稀釋的程度就越小，在百元以上時，EPS被稀釋不到10%；隨著轉換價越來越低，甚至掉到10元時，轉股的股數是轉化價100元的10倍，EPS就被稀釋了一半。

2019年有擔保可轉債的溢價率

可轉債 名稱	股票 代碼	可轉債 代碼	擔保	發行 日期	上市首日 收盤價（元）	轉換 溢價率（%）
三洋紡一	1472	14721	有	2019/1/30	111.1	102
台通四	8011	80114	有	2019/6/24	110	102
訊映一	4155	41551	有	2019/7/23	116	102
今展科二	6432	64322	有	2019/9/3	110	102
家登二	3680	36802	有	2019/11/21	121	102
龍燈四KY	4141	41414	有	2019/12/6	106.65	102
鑫龍騰一	3188	31881	有	2019/11/25	103.7	103
邑昇一	5291	52911	有	2019/8/12	110	103.5
炎洲八	4306	43068	有	2019/6/14	107	104
炎洲九	4306	43069	有	2019/6/14	107	104
皇將一	4744	47441	有	2019/10/17	110	104
大立二	4716	47162	有	2019/3/5	110.4	105
威剛六	3260	32606	有	2019/5/8	110	105
金益鼎五	8390	83905	有	2019/11/19	107.2	105
沛波二	6248	62482	有	2019/11/8	106.5	105.15
世鎧一	2063	20631	有	2019/8/2	109	105.57
泰博三	4736	47363	有	2019/8/21	112.7	105.66
三顧三	3224	32243	有	2019/1/9	111.1	106
久陽二	5011	50112	有	2019/6/17	105	107.24
艾美特三KY	1626	16263	有	2019/12/4	106	108
來思達一	8066	80661	有	2019/12/17	107.1	108.14
聯嘉一	6288	62881	有	2019/12/25	111.1	110
六角二	2732	27322	有	2019/2/20	110.5	110.69
德淵二	4720	47202	有	2019/10/23	103.2	112
海悅一	2348	23481	有	2019/7/16	110	112.36
連展投控一	3710	37101	有	2019/7/31	108.05	116
皇普二	2528	25282	有	2019/9/25	106.05	120

　　由此可知轉換價如何稀釋盈餘，而損害股東權益，因此提高轉換溢價率就是避免轉換價過低而傷害股東的手段之一。可轉債的本質是借款，發行條件越好，對股東就越不利，就好比跟銀行借款利率越高，對債權銀行越好，其實是犧牲股東權益去支付利息。因此溢價率越高，轉換價越高，轉股數量越低，對股東越好。

　　接下來以2019年發行的可轉債為樣本，討論有無擔保對可轉債溢價率的影響。

2019年無擔保可轉債的溢價率						
可轉債 名稱	股票 代碼	可轉債 代碼	TCRI	發行 日期	上市首日 收盤價（元）	轉換 溢價率（％）
樺漢三	6414	64143	4	2019/2/26	107.85	110
文曄六	3036	30366	4	2019/7/1	106.35	102
奇力新六	2456	24566	4	2019/9/12	106	119.29
矽格三	6257	62573	4	2019/10/15	108	108.98
杏昌一	1788	17881	5	2019/4/18	105.65	101.43
德淵三	4720	47203	5	2019/10/24	99	102.5
迅得一	6438	64381	5	2019/11/25	110	103.5
鼎炫一KY	8499	84991	5	2019/10/7	111.1	107
瓦城一	2729	27291	5	2019/12/11	104.3	107.22
時碩工業一	4566	45661	5	2019/8/27	110.35	107.42
正文五	4906	49065	5	2019/3/15	107.75	108
立隆電二	2472	24722	5	2019/3/18	104.7	108.29
山林水一	8473	84731	5	2019/1/4	98	109.24
世豐一	2065	20651	5	2019/11/18	101.7	110
雙鴻三	3324	33243	5	2019/5/29	110	110.28

(續) 2019年無擔保可轉債的溢價率

可轉債名稱	股票代碼	可轉債代碼	TCRI	發行日期	上市首日收盤價（元）	轉換溢價率（%）
廣越一	4438	44381	5	2019/10/29	106.1	112.65
智易一	3596	35961	5	2019/6/6	104.65	115
康控一KY	4943	49431	6	2019/4/2	112.25	102
亞航一	2630	26301	6	2019/7/9	102.7	102
亞航二	2630	26302	6	2019/7/10	101.9	102
昇陽半導體一	8028	80281	6	2019/11/13	110.6	102
動力一KY	6591	65911	6	2019/1/3	98.15	105
科妍一	1786	17861	6	2019/3/4	100.7	105
互動一	6486	64861	6	2019/11/22	103.3	105
特昇一KY	6616	66161	6	2019/12/3	99.5	105
嘉晶三	3016	30163	6	2019/10/31	111.1	105.04
jpp二KY	5284	52842	6	2019/11/28	100.3	105.36
百德一	4563	45631	6	2019/10/9	100.05	105.63
興采一	4433	44331	6	2019/1/17	97.2	105.64
泰碩二	3338	33382	6	2019/8/20	111.1	107.94
興能高一	6558	65581	6	2019/11/20	107.25	108.3
聯合三	4129	41293	6	2019/9/10	104.5	109.07
立敦三	6175	61753	6	2019/3/4	104.55	110
凡甲四	3526	35264	6	2019/9/30	104.7	110
麗清二	3346	33462	7	2019/2/19	100.35	102.08
濱川六	1569	15696	7	2019/2/27	97.1	107
金穎生技一	1796	17961	7	2019/3/6	91.7	103
久陽三	5011	50113	7	2019/6/18	92.1	107.24
沛波三	6248	62483	7	2019/11/11	97.4	103.75
英瑞一KY	1592	15921	7	2019/11/18	98.2	102
事欣科二	4916	49162	7	2019/12/13	91.9	115
安集一	6477	64771	7	2019/12/20	101	102
龍燈五KY	4141	41415	8	2019/12/9	91.35	102

　　交叉比對之下，有擔保可轉債的溢價率平均為106.24%，無擔保中TCRI 4的溢價率為110.07%，TCRI 5的溢價率為107.89%，TCRI 6的溢價率為105.59%。風險越高，溢價率就越低，此時溢價率並非保障股東的工具，反而像是提高債權人認購意願的手段。而股本越大、風險越小、獲利越穩定的大公司，越不願意將轉換價壓低，因此會設定較高的溢價率。

3-3 行使賣回權 先看清相關條件

第2章以大篇幅介紹了賣回可轉債的基本原理，請讀者務必熟記，接下來說明賣回的應用及變化。

賣回條件包含賣回價與賣回日，在券商寄來的報表當中，賣回條件通常會簡寫成「YTP（滿幾年賣回）＝（年利率）」，YTP是Yield to Put的縮寫，也就是「賣回收益率」。請看以下4個例子的解釋。

💲 4檔可轉債的賣回條件

❶ 英瑞-KY（15921）

YTP（2）＝（1%）指的是：滿第2年賣回，年利率1%。一年有1%

4家可轉債公司的賣回條件比較

項目		代碼	債券代碼	發行標的	TCRI/ 擔保	發行量(億)	項目	項目
送件／生效	❶	1592	15921	英瑞一KY	TCRI 7/ 無擔	2.00	YTP (2)=(1%)	3年
		2065	20651	世豐一	TCRI 6/ 無擔	4.02	YTP (2)=(0.25%)	3年
		8390	83905	金益鼎五	TCRI 6/ 上海銀、新光銀	5.00	YTP (2)=(0.25%)	3年
		6558	65581	興能高一	TCRI 6/ 無擔	5.00	YTP (3)=(0%)	5年
	❷	3680	36802	家登二	TCRI 9/ 板信銀	3.00	YTP (3)=(0%)	3年
		6486	64861	互動一	TCRI 6/ 無擔	6.00	YTP (2)=(0.25%)	3年
		6438	64381	迅得一	TCRI 5/ 無擔	4.00	YTP (2)=(0.5%)	3年
	❸	3188	31881	鑫龍騰一	TCRI 6/ 新光銀	3.00	YTP (3)=(0-0.5%)	3年
		5284	52842	JPP二KY	TCRI 6/ 無擔	2.00	YTP (3)=(0.5%)	3年
		1626	16261	艾美特三KY	TCRI 6/ 中信銀、新光銀、遠東銀	3.00	YTP (3)=(0.5%)	3年
		6616	66161	特昇KY 一	TCRI 7/ 無擔	2.00	YTP (2)=(0.25%)	3年
	❹	4916	49162	事欣科二	TCRI 6/ 無擔	5.00	YTP (3,4)=(1%)	5年
		6477	64771	安集一	TCRI 7/ 無擔	3.00	YTP (3)=(0.5%)	5年

英瑞一KY（15921）賣回條件

英瑞一KY　悠債網 Yobond

發行日期	2019-11-18	到期日	2022-11-18
到期價格	100	發行時轉換溢價率	102
最近提前償還日	2021-11-18	最近提前償還價格	102.01
強制贖回日		停止轉換起日	
停止轉換迄日		債券擔保情形	無
本月賣回張數		本月買回張數	
本月轉換張數		賣回條件	發行滿二年

資料來源：悠債網

的利息並以複利計算，滿第2年賣回價就是102.01元。

❷ 家登二（36802）

YTP（3）=（0%）指的是：滿第3年賣回，年利率0%。要注意的是，有時光從簡寫式無法看出可轉債的賣回日和到期日是否為同一天，也可能是發行5年，滿第3年以100元（年利率0%）回收。家登二的例子是發行3年之中並沒有賣回的設定，到期時以100元回收，同樣用YTP（3）=（0%）來表示。

家登二（36802）賣回條件

家登二 **悠債網 Yobond**

發行日期	2019-11-21	到期日	2022-11-21
到期價格	100	發行時轉換溢價率	102
最近提前償還日	2022-11-21	最近提前償還價格	100
強制贖回日		停止轉換起日	
停止轉換迄日		債券擔保情形	有
本月賣回張數		本月買回張數	
本月轉換張數		賣回條件	無

資料來源：悠債網

❸ 鑫龍騰一（31881）

YTP（3）＝（0～0.5%）指的是：滿第3年賣回，年利率介於0～0.5%。這是因為年利率尚未定案，而後決定的年利率是0.25%，介於0～0.5%。

如果一開始就決定0.25%，可簡寫為YTP（3）＝（0.25%），而鑫龍騰一的賣回日和到期日也是同一天。

鑫龍騰一（31881）賣回條件

鑫龍騰一　悠債網 **Yobond**

發行日期	2019-11-25	到期日	2022-11-25
到期價格	100.75	發行時轉換溢價率	103
最近提前償還日	2022-11-25	最近提前償還價格	100.75
強制贖回日		停止轉換起日	
停止轉換迄日		債券擔保情形	有
本月賣回張數		本月買回張數	
本月轉換張數		賣回條件	無

資料來源：悠債網

❹ 事欣科二（49162）

YTP（3,4）＝（1%）指的是：滿第3及第4年賣回，年利率1%。
這是因為事欣科二共有2次賣回的機會，所以年利率1%，複利3
年，賣回價就是103.03元，複利4年就是104.06元，最後則是以
面額100元回收。

事欣科二（49162）賣回條件

事欣科二　悠債網 Yobond

發行日期	2019-12-13	到期日	2024-12-13
到期價格	100	發行時轉換溢價率	115
最近提前償還日	2022-12-13	最近提前償還價格	103.03
強制贖回日		停止轉換起日	
停止轉換迄日		債券擔保情形	無
本月賣回張數		本月買回張數	
本月轉換張數		賣回條件	發行滿三、四年

資料來源：悠債網

先前說過，賣回權類似「提前解約」，以事欣科二來說，雖然5年才到期，但途中有兩次解約的機會，次數越多就越安全，因為選擇也多。

我在上一本著作《實戰台股可轉債》中，將賣回權比喻成公車站牌，當轉換標的股價積弱不振，股價距離轉換價非常遙遠時，這台巴士不是駛向金山銀礦，而是垃圾掩埋場，大家就準備按鈴（行使賣回權）提前下車了。

💲 可轉債價格上漲 賣回較吃虧

從2019年12月25日的流通總表（次頁上圖）來看，賣回價最高價的前3名分別是良維七（62907）、良維八（62908）以及泰鼎三KY（49273）。良維七的賣回價是105.094元，萬一有投資人執意在2020年7月7日賣回給公司，損益狀況如何呢？

要賣回的時候必須到券商填單，申請把手中的良維七賣回給公司，就能拿回105,094元，如次頁下圖。

賣回一張良維七，會虧多少錢呢？由於直接賣出是271,000元，賣回公司可收到的金額是105,094元，大約損失165,906元。這個例子說明了，可轉債價格上漲時，不會有人提前下車賣回，而是會

2019年12月25日流通總表（截錄）

可轉債流通總表

搜尋日期	2019 年 12 月 25 日	悠債網 YObond						

CB名稱	CB代號	轉換價	轉換比例	CB理論價	CB價結	折溢價	最近賣回日	最近賣回價格
良維七	62907	26.2	3.8168	266.79	271	1.58%	2020-07-07	105.094
良維八	62908	26.2	3.8168	266.79	270	1.2%	2020-07-08	106.136
泰鼎三KY	49273	20.4	4.902	231.37	260	12.37%	2020-05-07	101.003
達麗六	61776	11.76	8.5034	239.8	250	4.25%	2020-09-08	106.15
達麗五	61775	11.71	8.5397	240.82	246	2.15%	2020-09-07	106.41
鈺齊四KY	98024	51.3	1.9493	227.09	230	1.28%	2020-10-02	101.003

資料來源：悠債網

賣回申請

有價證券轉（交）換／買（贖／賣）回／註銷／認股／履約／兌回
帳簿劃撥作業申請書（代支出傳票）

127：存券領回代轉

中華民國　年　月　日

第一聯 參加人留存

① 帳號　參加人代號 流水編號 檢 700r-1234567　戶名 CB提款機

② 證券代號 62907　證券名稱 良維七　③數額　1000

④ 交易類別 0

0.轉（交）換
1.買回／贖回／賣回
2.附認股權請求認股
3.實體股票註銷
4.無實體股票註銷
5.員工認股權請求履約
6.存託憑證兌回
7.轉（交）換債、附認股轉公司債、認股權憑證註銷

⑤ 身分證／營利事業編號　L123456789

（發行人登錄專戶股東填寫）

注意事項：
「交易類別」選項為2、5及6者，申請人須另填寫發行人提供之制式申請書，並由參加人將之與其他文件彙送集保結算所轉送發行人審核。

⑥ 私募　☐ Y.是　☑ N.否

⑦ 申請人聯絡電話 （01）-23456789
本欄僅提供股務單位聯繫本次作業之用。

⑥ 摘要

直接在市場上賣掉。

對於股價高漲的「前段班」學生而言，賣回權形同虛設，但對於「後段班」的同學影響就相當大了。以大峽谷一（52811）與其祥二（12582）為例，2檔可轉債有許多相似處：都是TCRI 7、發行當日最高價分別為97.95元及97.5元、上市日期只差8天、發行之後股價皆大幅下跌。不同之處在於賣回日，大峽谷一賣回日在2020年9月18日，其祥二賣回日在2021年9月10日，相隔一年之久。

觀察它們的價格走勢會發現，雖然大峽谷一的跌幅大於其祥二，但其祥二的最低價是76.2元，大峽谷一還有81元。

其祥二（12582）vs 大峽谷一（52811）

日期選擇	2019 年 12 月 27 日								確定

CB名稱	CB代號	轉換價	現股收盤價	CB理論價	CB價格	賣回報酬率	賣回年化報酬率	最近賣回日	最近賣回價格
其祥二KY	12582	30	17.85	59.5	88.6	14.57%	8.54%	2021-09-10	101.507
宏旭一KY	22431	19.4	14.4	74.23	89	15.76%	8.17%	2021-11-30	103.03
大峽谷一KY	52811	81.3	26.5	32.6	96.65	5.55%	7.62%	2020-09-18	102.01

大峽谷一KY

發行日期	2018-09-18	到期日	2021-09-18
到期價格	100	發行時轉換溢價率	103.1
最近提前償還日	2020-09-18	最近提前償還價格	102.01
強制贖回日		停止轉換起日	2019-08-09
停止轉換迄日	2019-09-03	債券擔保情形	無
本月賣回張數		本月買回張數	
本月轉換張數		賣回條件	發行滿二年
停止轉換事由	辦理配股配息作業事宜		

其祥二KY

發行日期	2018-09-10	到期日	2023-09-10
到期價格	100	發行時轉換溢價率	104.1
最近提前償還日	2021-09-10	最近提前償還價格	101.507
強制贖回日		停止轉換起日	2019-04-19
停止轉換迄日	2019-06-17	債券擔保情形	無
本月賣回張數		本月買回張數	
本月轉換張數		賣回條件	發行滿三年
停止轉換事由	辦理股東常會作業事宜		

資料來源：悠債網

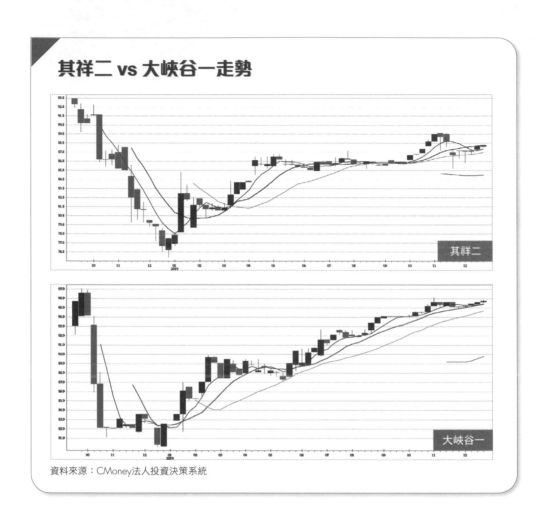

其祥二 vs 大峽谷一走勢

其祥二

大峽谷一

資料來源：CMoney法人投資決策系統

　　這2檔可轉債價格最低點都出現在2018年12月，且僅間隔5天，

以2018年12月22日的收盤價來看，哪一檔較有吸引力呢？

　　大峽谷一收盤價81.2元，賣回價102.01元，價差20.81元；其

祥二收盤價77.45元，賣回價101.507元，價差24.057元。乍看之下，其祥二的價差較大，但賣回日的長短影響了賣回的年化報酬率，在2018年12月22日，大峽谷一距離賣回日2020年9月18日還有1.74年，其祥二距離賣回日2021年9月10日還有2.72年，賣回的年化報酬率，大峽谷的14.71%會高於其祥二的11.42%。

只要不違約，可轉債價格勢必往賣回價靠攏，而本體股票價格越不理想，投資人對可轉債到期時間及價格就越敏感。好比我是一個

大峽谷一 vs 其祥二的賣回報酬率

| 日期選擇 | 2018 年 12 月 22 日 | | | | | | | 確定 | |

CB名稱	CB代號	轉換價	現股收盤價	CB理論價	CB價格	賣回報酬率	賣回年化報酬率	最近賣回日	最近賣回價格
大略一KY	48041	52.4	10.15	19.37	88.4	14.26%	27.98%	2019-06-26	101.003
虹揚一KY	65731	57.5	22.5	39.13	78	30.78%	18.6%	2020-08-17	102.01
碩禾二	36912	245.1	86	35.09	79	31.39%	14.98%	2021-01-25	103.8
大峽谷一KY	52811	84	36.1	42.98	81.2	25.63%	14.71%	2020-09-18	102.01
華星光二	49792	30	20.15	67.17	87.1	15.96%	13.06%	2020-03-12	101.003
其祥二KY	12582	30	22.1	73.67	77.45	31.06%	11.42%	2021-09-10	101.507
宜特五	32895	130.7	46.1	35.27	89	12.36%	6.65%	2020-10-30	100
正德四	26414	10.16	8.33	81.99	95.55	9.44%	4.87%	2020-11-29	104.568

資料來源：悠債網

容易暈車的人，要從台南出發搭客運到台北，心情就比搭到台中還要緊張，因為搭車時間多了一倍。

可轉債風險越低 利率越低

接著觀察2019年的賣回價及利率統計資料，如果不分有無擔保，賣回利率為0的有24檔、0.25%有14檔、0.5%有22檔、0.75%有4檔、1%有4檔，超過1%的有1檔，全體平均是0.34%。

以擔保有無以及TCRI來分，有擔保的平均賣回利率為0.34%，TCRI 4為0.125%、TCRI 5為0.25%、TCRI 6為0.24%、TCRI 7為0.625%、只有一檔的TCRI 8為1.8%。從無擔保的可轉債當中，可以看出風險與利率呈正比，也就是風險越低者，願意給予的利率也越低；風險越高者，會給予較高的利率。

台灣長期處於低利率環境，公司越來越「小氣」，不但可轉債全為0息債券，持有期間不配息，願意開出賣回條件高於1%利率的也是少數；甚至到期前沒有設置賣回權的高達23檔，達到總量的3分之1。好像嫁女兒一樣，除非發行條件很不好，不然連嫁妝都直接省起來了。

2019年可轉債賣回條件資料（含利率）

可轉債名稱	可轉債代碼	股票代碼	TCRI	上市首日收盤價（元）	賣回條件	賣回次數（不含到期）	利率（%）
樺漢三	64143	6414	4	107.85	YTP（3）=（0.5%）	1	0.5
文曄六	30366	3036	4	106.35	YTP（3）=（0%）	0	0
奇力新六	24566	2456	4	106	YTP（3）=（0%）	1	0
矽格三	62573	6257	4	108	YTP（3）=（0%）	0	0
山林水一	84731	8473	5	98	YTP（3）=（0.25%）	0	0.25
正文五	49065	4906	5	107.75	YTP（2）=（0.25%）	1	0.25
立隆電二	24722	2472	5	104.7	YTP（2）=（0%）	1	0
杏昌一	17881	1788	5	105.65	YTP（3）=（0%）	0	0
雙鴻三	33243	3324	5	110	YTP（3）=（0.75%）	1	0.75
智易一	35961	3596	5	104.65	YTP（3）=（0.5%）	1	0.5
時碩工業一	45661	4566	5	110.35	YTM（3,4）=（0.5%）	2	0.5
鼎炫一KY	84991	8499	5	111.1	YTP（2）=（0.25%）	1	0.25
德淵三	47203	4720	5	99	YTP（3）=（0%）	0	0
廣越一	44381	4438	5	106.1	YTP（3）=（0%）	0	0
世豐一	20651	2065	5	101.7	YTP（2）=（0.25%）	1	0.25
迅得一	64381	6438	5	110	YTP（2）=（0.5%）	1	0.5
瓦城一	27291	2729	5	104.3	YTP（2）=（0%）	1	0
動力一KY	65911	6591	6	98.15	YTP（2）=（0.5%）	1	0.5
興采一	44331	4433	6	97.2	YTM（3,4）=（0%）	2	0
科妍一	17861	1786	6	100.7	YTP（3）=（0.5%）	0	0.5
立敦三	61753	6175	6	104.55	YTP（2）=（0%）	1	0
康控一KY	49431	4943	6	112.25	YTP（2）=（0%）	1	0
亞航一	26301	2630	6	102.7	YTP（2）=（0.25%）	1	0.25
亞航二	26302	2630	6	101.9	YTP（2.5）=（0.5%）	1	0.5
泰碩二	33382	3338	6	111.1	YTP（3）=（0.5%）	0	0.5
聯合三	41293	4129	6	104.5	YTM（3,4）=（0%）	2	0
凡甲四	35264	3526	6	104.7	YTM（3,4）=（0%）	2	0
百德一	45631	4563	6	100.05	YTP（2）=（0.5%）	1	0.5
嘉晶三	30163	3016	6	111.1	YTP（3）=（0%）	0	0
昇陽半導體一	80281	8028	6	110.6	YTP（2）=（0.25%）	1	0.25
興能高一	65581	6558	6	107.25	YTP（3）=（0%）	1	0
互動一	64861	6486	6	103.3	YTP（2）=（0.25%）	1	0.25
ipp二KY	52842	5284	6	100.3	YTP（3）=（0.5%）	0	0.5
特昇一KY	66161	6616	6	99.5	YTP（2）=（0.25%）	1	0.25
麗清二	33462	3346	7	100.35	YTP（2）=（0%）	1	0

（續）2019年可轉債賣回條件資料（含利率）

可轉債名稱	可轉債代碼	股票代碼	TCRI	上市首日收盤價（元）	賣回條件	賣回次數（不含到期）	利率（%）
濱川六	15696	1569	7	97.1	YTP（2）=（0.5%）	1	0.5
金穎生技一	17961	1796	7	91.7	YTP（3）=（0.5%）	0	0.5
久陽三	50113	5011	7	92.1	YTP（2）=（0.75%）	1	0.75
沛波三	62483	6248	7	97.4	YTP（2）=（0.75%）	1	0.75
英瑞一KY	15921	1592	7	98.2	YTP（2）=（1%）	1	1
事欣科二	49162	4916	7	91.9	YTM（3,4）=（1%）	2	1
安集一	64771	6477	7	101	YTP（3）=（0.5%）	1	0.5
龍燈五KY	41415	4141	8	91.35	YTP（2）=（1.8%）	1	1.8
三顧三	32243	3224	有	111.1	YTP（3）=（0%）	0	0
三洋紡一	14721	1472	有	111.1	YTP（3）=（0%）	1	0
六角二	27322	2732	有	110.5	YTP（2）=（0%）	1	0
大立二	47162	4716	有	110.4	YTP（3）=（0%）	0	0
威剛六	32606	3260	有	110	YTP（3）=（0.5%）	1	0.5
炎洲八	43068	4306	有	107	YTP（3）=（0.25%）	1	0.25
炎洲九	43069	4306	有	107	YTP（3）=（0.25%）	1	0.25
久陽二	50112	5011	有	105	YTP（3）=（0.5%）	0	0.5
台通四	80114	8011	有	110	YTP（2）=（0.75%）	1	0.75
海悅一	23481	2348	有	110	YTP（3）=（0.5%）	1	0.5
訊映一	41551	4155	有	116	YTP（2）=（0.5%）	1	0.5
連展投控一	37101	3710	有	108.05	YTP（2）=（1%）	1	1
世鎧一	20631	2063	有	109	YTP（2）=（0%）	1	0
邑昇一	52911	5291	有	110	YTP（3）=（0.25%）	0	0.25
泰博三	47363	4736	有	112.7	YTP（3）=（0.5%）	1	0.5
今展科二	64322	6432	有	110	YTP（2）=（0.5%）	1	0.5
皇普二	25282	2528	有	106.05	YTP（5）=（0.25%）	0	0.25
皇將一	47441	4744	有	110	YTP（2）=（0.5%）	1	0.5
德淵二	47202	4720	有	103.2	YTP（5）=（0%）	0	0
沛波二	62482	6248	有	106.5	YTP（3）=（0.5%）	0	0.5
金益鼎五	83905	8390	有	107.2	YTP（2）=（0.25%）	1	0.25
家登二	36802	3680	有	121	YTP（3）=（0%）	0	0
鑫龍騰一	31881	3188	有	103.7	YTP（3）=（0.25%）	0	0.25
艾美特三KY	16263	1626	有	106	YTP（3）=（0.5%）	0	0.5
龍燈四KY	41414	4141	有	106.65	YTP（3）=（1%）	1	1
來思達一	80661	8066	有	107.1	YTP（3）=（0%）	0	0

3-4 可轉債獲利基礎： 搞懂折溢價

前面提到，影響可轉債價格的「先天」因素是：有無擔保、TCRI 高低、轉換溢價率、賣回條件等。但發行條件與行情沒有絕對關係，就好像三級貧戶的小孩也有可能當上總統。而接下來要討論的，是可轉債上市交易的「後天」因素如何影響可轉債價格。

可轉債因為有「可以轉換為股票的權利」，所以價格會跟轉換標的股價產生連動。為了了解可轉債與股價的連動性，必須先有「理論價」及「折溢價」的概念。再次強調，本書唯一要牢記的公式只有一個，就是「一張可轉債可換多少張股票」的速算法：轉換比例＝100÷轉換價。因為可轉股的特性，可轉債的「轉股理論

價」會隨股價波動。以互動一（64861）為例，轉換價是78.5元，一張可轉債可換得1.2739張股票（100÷78.5），當互動股價從78.5元上漲10%至86.35元時，可轉債就有「理論上的價格」，公式如下：

理論價＝股價×轉換比例
86.35×1.2739＝110元（4捨5入至整數，以下同）

由上述公式可得到下表的理論價，當互動股價從78.5元上漲30%至102.05元，可轉債的理論價也會從100元上漲30%至130元；

互動一（64861）理論價試算	
互動一股價（元）	互動一理論價（元）
78.5	78.5×1.2739＝100
86.35	86.35×1.2739＝110
94.2	94.2×1.2739＝120
102.05	102.05×1.2739＝130
109.9	109.9×1.2739＝140
117.75	117.75×1.2739＝150
125.6	125.6×1.2739＝160
133.45	133.45×1.2739＝170
141.3	141.3×1.2739＝180
149.15	149.15×1.2739＝190
157	157×1.2739＝200

互動股價上漲50%至117.75元，可轉債理論價也會上漲50%至150元。

但實際上，市價不總是等於理論價。以悠債網的資料為例，宏旭-KY（22431）的轉換價是19.4元，現股收盤價是13.6元，換算之下理論價僅有70.1元，但可轉債實際價格卻是87.7元。

賣回報酬率排行榜

日期選擇　　2019 年 12 月 18 日　　悠債網 Yobond　　　　　確認

CB名稱	CB代號	轉換價	現股收盤價	CB理論價	CB價格	賣回報酬率	賣回年化報酬率	最近賣回日	最近賣回價格
宏旭一KY	22431	19.4	13.6	70.1	87.7	17.48%	8.95%	2021-11-30	103.03
其祥二KY	12582	30	18	60	88.1	15.22%	8.79%	2021-09-10	101.507
龐燈五KY	41415	15.8	14.4	91.14	88.35	17.3%	8.75%	2021-12-09	103.632
虹揚一KY	65731	56.1	24.65	43.94	96.7	5.49%	8.25%	2020-08-17	102.01
大峽谷一KY	52811	81.3	24.75	30.44	96.45	5.76%	7.65%	2020-09-18	102.01
碩禾二	36912	241.97	115.5	47.74	96.15	7.96%	7.19%	2021-01-25	103.8
英瑞一KY	15921	20.6	16.8	81.55	90	13.34%	6.95%	2021-11-18	102.01
久陽三	50113	18.9	15	79.37	92.4	9.86%	6.57%	2021-06-18	101.51
金穎生技一	17961	48.8	31.1	63.73	88.7	14.44%	6.52%	2022-03-06	101.507
正德四	26414	10.16	7.14	70.28	99.25	5.36%	5.64%	2020-11-29	104.568
宜特五	32895	123.1	44.5	36.15	95.85	4.33%	4.99%	2020-10-30	100

資料來源：悠債網

市價與理論價總是不相等

造成市價不等於理論價的原因是，宏旭一KY隨著賣回日接近，只要公司不違約，即使轉換標的股價沒有上漲，可轉債價格也會慢慢往賣回價103.03元靠攏。也就是說，本應隨股價下跌的可轉債價格，受到賣回價的制約，即使理論價不斷下滑，可轉債市價卻因為賣回價而有所支撐。

所以可轉債在市場上的交易價格與理論價總是不相等，市價可能低於理論價，也可能高於理論價。

當可轉債的市價高於理論價時，就稱為「溢價」，悠債網的溢價幅度公式如下：

折溢價＝（市價－理論價）÷理論價

當數字小於0為折價，大於0為溢價，等於0為價平。以次頁圖為例，可轉債溢價幅度最大的是昇華一（48061），理論價僅有19.07元，可轉債價格100.5元，溢價幅度是427.01%，這代表昇華一的轉換標的必須上漲427.01%，可轉債理論價才會等於市價。所以用市價100.5元買進理論價僅有19.07元的可轉債，就代表買貴

了，「多出來的價格」就稱為「溢價」。

　　永冠二KY（15892）溢價216.58%也是一樣，「市價」比「理論價」貴了2.1658倍。絕大部分的可轉債都是溢價，因為折價時可轉債市價小於理論價（代表轉換標的股價要下跌，可轉債市價才會回到理論價），會出現套利空間，投資人會買進可轉債，並且放

高溢價的可轉債

CB名稱	CB代號	轉換價	轉換比例	CB理論價	CB債格	折溢價	最近賣回日	最近賣回價格
昇華一	48061	52.7	1.8975	19.07	100.5	427.01%	2020-05-03	100
昇華二	48062	52	1.9231	19.33	94	386.29%	2020-05-04	100
大略一KY	48041	50.5	1.9802	22.77	100.8	342.69%	2020-06-26	100
元隆五	62875	4.8	20.8333	31.04	102.5	230.22%	2020-12-08	103.03
大峽谷一KY	52811	81.3	1.23	30.44	96.45	216.85%	2020-09-18	102.01
永冠二KY	15892	195.1	0.5126	32.14	101.75	216.58%	2020-08-18	102.53
國碩四	24064	36.2	2.7624	33.15	102.9	210.41%	2020-06-21	103.03
宜特五	32895	123.1	0.8123	36.15	95.85	165.15%	2020-10-30	100
麗清一	33461	80.2	1.2469	38.28	98.3	156.79%	2020-06-28	100
龐燈二KY	41412	35.1	2.849	41.03	99.5	142.51%	2021-11-11	100
虹揚一KY	65731	56.1	1.7825	43.94	96.7	120.07%	2020-08-17	102.01
易威一	17991	21.82	4.583	46.29	99.7	115.38%	2020-02-21	100

搜尋日期　2019 年 12 月 18 日　悠債網

資料來源：悠債網

空相對應的股票來套利。如果可轉債長期處在折價狀況，有可能是本尊股票無法融券、缺券，或者處於停止轉換期間等這些因素造成。

瑞儀一（61761）溢價

可轉債券決系統 / 付賣模組—標的有給溢勢的CB

日期選擇	2016 年 10 月 18 日			悠債網 Yobond				確定	
CB名稱	CB代號	轉換價	標的股票期代碼	現股收盤價	CB理論價	CB價格	折溢價	券買價	券賣減
正瑋一	31491	53.4	LSF	14.35	26.87	98.8	267.7%	0	0
正瑋二	31492	52.6	LSF	14.35	27.28	94.1	244.94%	0	0
國統四	89364	46.5	OIF	17.45	37.53	102	171.78%	1	-19
瑞儀一	61761	124.64	KAF	45.75	36.71	99.65	171.45%	0	-10

可轉債決系統 / 付賣模組—轉的有股票給的CB

日期選擇	2017 年 05 月 24 日							確走	
CB名稱	CB代號	轉換價	標的被賣期代碼	現股收盤價	CB現論價	CB價格	折溢價	券買價	券賣減
隆明四	26094	28.39	DAF	11.5	40.51	98.9	144.14%	0	6
碩禾一	36911	583.07	NGF	257.5	44.16	102.65	132.45%	96	-104
喜馬益四	61534	43.4	JZF	20	46.08	99.5	116.96%	0	-4
瑞儀一	61761	124.64	KAF	65.2	52.31	99.1	89.45%	1	2

資料來源：悠債網

相對的，若可轉債出現高幅度溢價，例如上述昇華一都是股價暴跌造成，因為市價被賣回價撐住，才讓溢價越拉越大。

要特別注意的是，當溢價越來越大，股價及可轉債價格很容易脫勾。以瑞儀一（61761）為例，2016年10月18日轉換標的股價45.75元，可轉債價格99.65元，溢價高達171.45%；7個月後（2017年5月24日），股價從45.75元大幅上漲45%到65.2元，可轉債市價卻從99.65元跌至99.1元，就是因為股價大漲，但理論價只從36.71元上升至52.31元，理論價和市價還有89.45%的差距所導致。

有了折溢價的概念之後，漸漸地投資人可以體會什麼叫「很貴的可轉債」，以次頁圖來說，我們會覺得114元的濱川六（15696）可轉債「很便宜」、101.75元的永冠二KY（15892）「很貴」，為什麼呢？因為濱川六的理論價是114.78元，卻只賣114元；而永冠二的理論價32.65元卻要賣101.75元。

在所有關鍵因素中，轉換標的價格對可轉債價格影響最直接、也最大。有了理論價及折溢價的概念，就有了衡量的標準，有助於了解接下來章節所闡述影響可轉債價格的因子。

昂貴vs便宜的理論價

可轉債溢遠選表

搜尋日期		2019 年 12 月 24 日		悠債網 Yobond				

CB名稱	CB代號	轉換價	轉換比例	CB理論價	CB價格	折溢價	最近賣回日	最近賣回價格
其祥二KY	12582	30	3.3333	59.67	88.45	48.23%	2021-09-10	101.507
上曜三	13163	14.7	6.8027	94.22	109.75	16.48%	2020-11-07	101.003
名軒三	14423	11.5	8.6957	168.7	165	-2.19%	2020-12-01	100
三洋紡一	14721	29.2	3.4247	91.27	106.5	16.69%	2022-01-30	100
亞礦二	15302	39.1	2.5575	76.34	100	30.99%	2020-05-14	100
溢川六	15696	23	4.3478	114.78	114	-0.68%	2021-02-27	101.003
堅泰一	15831	78.2	1.2788	74.81	99.8	33.4%	2020-03-11	100
永冠二KY	15892	195.1	0.5126	32.65	101.75	211.64%	2020-08-18	102.53
英瑞一KY	15921	20.6	4.8544	79.37	90	13.39%	2021-11-18	102.01
笛宇一	15981	38.7	2.584	104.39	110.1	5.47%	2020-09-20	100

資料來源：悠債網

3-5 抓住可轉債融券與套利機會

當可轉債市價低於理論價時，會產生「套利空間」，以奇力新五（24655）可轉債為例，假設我手上有許多奇力新股票，而且想長期持有領股息，短期之內沒有賣出的打算，這時我會進行庫存套利。

以可轉債進行庫存股票套利

怎麼做呢？非常簡單，因為奇力新五的轉換價是99.9元，根據公式，1張奇力新五可以換1.001張（1,001股）的奇力新股票，在2019年12月30日盤中買進1張128元的奇力新五，並且同時以130

奇力新五（24655）2019/12/30收盤價

CB名稱	CB代號	轉換價	轉換比例	標的股票期代碼	現股收盤價	CB理論價	CB價格	折溢價	CBAS所需權利金
名軒三	14423	11.5	8.6957	--	19.85	172.61	166	-3.83%	67.55
龍燈五KY	41415	15.8	6.3291	--	14.5	91.77	90	-1.93%	--
富強鑫二	66032	9.72	10.2881	--	10.8	111.11	109	-1.9%	6.25
奇力新五	24565	99.9	1.001	--	130	130.13	128	-1.64%	30.1
強信一KY	45601	45.3	2.2075	--	51.8	114.35	113	-1.18%	13.45
大樹一	64691	69.6	1.4368	--	81.7	117.39	116.05	-1.14%	16.85
邑昇一	52911	20.1	4.9751	--	30.9	153.73	152	-1.13%	54.5

資料來源：悠債網

元賣出庫存1,001股的奇力新。

如流程圖所示，在不計算手續費及證交稅的情況下，上方是可轉債的轉換，下方是股票的損益，轉股拿回並賣出1,001股後，在庫存數量不變的情況下，會多賺2,130元。

投資人可以重複執行「買可轉債→賣持股→轉股賺價差」，直到折價消失。以供需原理來說，投資人從市場買進，會增加奇力新五的需求，而且這個套利方法如果廣為人知，持有股票的人都來搶買

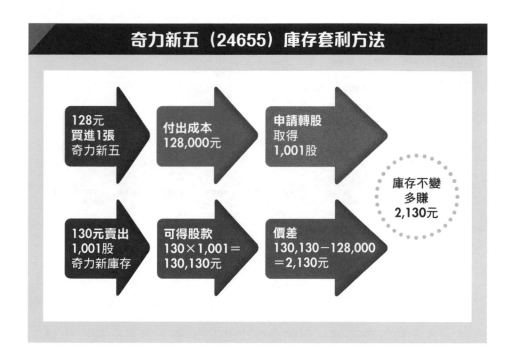

可轉債，勢必導致可轉債價格提升，可轉債市價就會接近理論價，
價差也會消失。

　　上述例子是持有股票的情況，對自己的庫存（持股）進行套利
交易。反之亦然，如果投資人手上持有的是可轉債，也能申請
轉股進行上述交易，而傳統套利則是手中沒有股票、也沒有
可轉債，直接在市場上同時買進可轉債，並且融券放空股票進行

元大證券下單介面

套利。

　為了解釋融券對可轉債價格的影響，這裡簡略介紹融券交易。融資是大家比較常聽到的，例如企業向銀行融資，就是向銀行借錢，「融」就是「借」的意思，而股市的融資就是借錢買股票，融券就是借股票賣錢，在沒有庫存的情況下，可以透過券商向別人借一張股票賣掉。

　上圖為元大證券下單介面，在下單的畫面當中就有「融券」、「融資」等選項，可以進行融券交易。

　融券的數量通常在技術分析指標當中都有顯示，如2020年1月3日奇力新（2456）有融券7,183張。

奇力新（2456）融券餘額

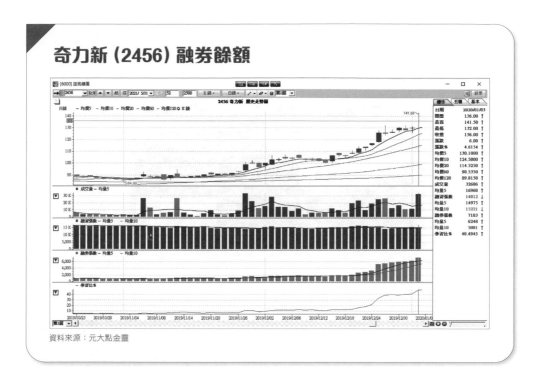

資料來源：元大點金靈

💲 融券的限制

但是融券交易有很多限制，簡述如下：

❶ 融券必須額外申請信用戶，至少必須在市場上開戶滿3個月、交易
滿10筆，且累計交易金額超過25萬元。

❷ 每個人的融券額度有限制，不可能無限制融券放空股票，超過50
萬額度，必須提供財力證明才能提高額度。

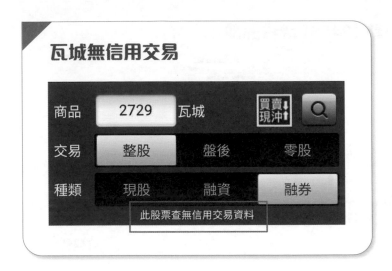

③ 並非每檔股票都能融券，如2019年12月11日發行可轉債的瓦城（2729），就沒有融券交易的資格，在手機下單畫面查詢融券餘額時，會顯示「此股票查無信用交易資料」。

④ 每家公司的融券資格可能被取消，也可能被恢復。個股的融券資格若被取消，不會要求馬上回補，但無法再融券。

⑤ 融券的數量有限制，每家券商額度都不同，而額度會在盤中隨時變動，額度用罄就無法再融券。次頁圖是手機下單介面的葡萄王（1707）融券餘額，左圖的群益證券有106張，右圖的元大證券僅有8張。

葡萄王的融券差異

❻ 融券必須自備9成保證金，因此一張195.5元的葡萄王，想融券
必須自備9成17.6萬元的保證金。

❼ 融券會遭遇到強制回補的問題，一家公司一年當中通常有兩次，
分別是召開股東大會及辦理除權息作業時。如果公司不分發股
利，就會少一次強制回補。

❽ 融券可能因為需求過多而暫時無額度，也可能會再次釋放額度。

❾ 融券的最小交易單位是1,000股（1張），零股無法放空。

💲 融券如何影響可轉債價格？

首先必須知道，申請轉換有時間差。如果轉換沒有時間差，可轉債

不可能出現價差。因為申請轉換必須拿轉換單臨櫃辦理，申請之後拿到的時間也不一定，快則隔天，慢則3天後，而這段空窗期，無法預估股價會漲或跌。

舉例來說，如果我是一個手中持有名軒三（14423）、但沒有名軒（1442）股票的可轉債投資人，想要逢高了結獲利，可以選擇在市場上以166元賣出可轉債（見126頁圖資料）；但理智的投資人不會這麼做，為什麼呢？因為這時名軒三理論上的價格是172.61元（19.85×8.6957），這表示，在股價19.85元以166元賣出名軒三，每股會「少賺」6.61元（172.61－166），損失很大。

但若真的想出脫可轉債，可以用19.85元的價格放空等量的股票以鎖住價差，並且申請可轉債轉股抵銷融券，這樣就不會有空窗期了！

這個套利流程跟前述從自己持股進行套利幾乎完全一樣，差別只在不須先擁有持股。例如買進3張名軒三可轉債，相當於現股26張又85股（8.695×3＝26.085），這時可融券26張名軒進行套利，而其中有85股無法避險（融券不能放空零股），但折合台幣不到1,700元，即使下跌10%也不過少賺170元，影響不大。

「融券→轉股→拿股票抵銷融券」的過程，叫做「現券償還」，

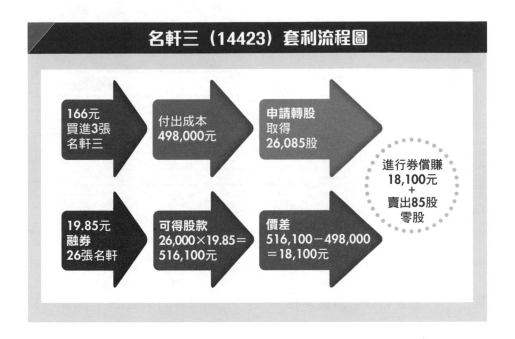

名軒三（14423）套利流程圖

166元
買進3張
名軒三

付出成本
498,000元

申請轉股
取得
26,085股

進行券償賺
18,100元
＋
賣出85股
零股

19.85元
融券
26張名軒

可得股款
26,000×19.85＝
516,100元

價差
516,100－498,000
＝18,100元

簡稱「券償」。在悠債網的資料庫可以看到，名軒三2019年12月30日的券償量132張，20個交易日券償量累計345張，代表可轉債持有人藉著融券在出脫手中持股。

除了空窗期怕股價下跌，流動性不佳的可轉債，也可以藉由融券出脫。台灣可轉債市場最為人所詬病的就是流動性不佳，但是如果轉換標的可以融券，流動性不佳的問題便可藉由「融券→轉股→拿股票抵銷融券」這個過程解決。

名軒三（14423）券償量

資料來源：悠債網

CB名稱	CB代號	CB理論值	已轉股比例	近二月被轉換比例	券現值	累計五日券償量	累計二十日券償量	券增減	融券占CB發行量比
其祥二KY	12582	59.67	0.03%	0%	0	0	0	0	0.01%
上曜三	13163	98.98	8.88%	0%	0	0	0	4	0.14%
名軒三	14423	172.61	13.88%	0%	132	205	345	-106	0.29%
三洋紡一	14721	92.64	3.7%	0%	0	15	50	0	0.05%

日期選擇 2019 年 12 月 30 日 悠債網 Yobond 確定

轉換標的無法融券的可轉債，會面臨高檔折價及流動性不佳的問題，這將嚴重影響可轉債價格。以2015年4月的華航五（26105）可轉債價格為例，當時的可轉債理論價是146.24元，市場價格僅142.5元，折價程度為2.56%，但華航無法融券，想要逢高獲利了結的投資人只能降價求售，因此造成2.56%的折價。

在不能融券的情況下，還想要「賭一把」的人，會直接買可轉債並申請轉換為股票，在市場上直接賣出賺價差。以上述例子來說，就是以142.5元買進1張可轉債，轉換為8.1699張股票，1張股票的成本是17.44元（142.5÷8.1699），與現股收盤價17.9元還有將近0.45元的差距，只要申請轉股拿到股票後，股價還高於17.44元就

華航五（26105）折價及股價走勢

日期選擇　　2015 年 04 月 13 日　　悠債網 Yobond　　　　確定

CB名稱	CB代號	轉換價	轉換比例	標的股票期代碼	現股收盤價	CB理論價	CB價格	折溢價	CBAS所需權利金
豪展一	47351	18.7	5.3476	--	25.1	134.22	125	-6.87%	24.05
康普一	47391	19.1	5.2356	--	48.05	251.57	240	-4.6%	136.25
佰研一	32051	28.45	3.5149	--	41.5	145.87	140	-4.02%	41.25
華航五	26105	12.24	8.1699	--	17.9	146.24	142.5	-2.56%	45.05
潤新一	99451	41.2	2.4272	KPF	51.7	125.49	123	-1.98%	--

資料來源：悠債網、CMoney 法人投資決策系統

能獲利。

　　因此會發現華航五有幾個特點：① 因為無法融券，因此券償數為
零；② 有大量可轉債持續被轉換，截至2015年4月13日，2個月內

華航五（26105）大量被轉換為股票

CB名稱	CB代號	CB理論價	已轉股比例	近二月被轉換比例	券現值	累計五日券償量	累計二十日券償量	券增減	融券占CB發行量比
華航五	26105	146.24	55.1%	22.21%	0	0	0	0	0%

資料來源：悠債網

被轉換22.21%、累計55.1%的可轉債已被轉換，對總發行量60億元的可轉債來說，是相當大的數量。

綜合以上因素可以得知，無法融券、缺券是造成可轉債折價的主因。個股無法融券，就會遇到華航五在高檔無法先以融券鎖住獲利的情況，可轉債持有人只好降價出售。因此，轉換標的不能融券的可轉債，操作的靈活性就會降低，也會影響可轉債價格。

3-6

融券套利
審慎避開停止轉換日

除了缺券、沒有信用交易，還有一個特殊情況也會影響可轉債價格，就是停止轉換期間。

常見的停止轉換原因為：辦理股東會作業事宜、配股配息作業，以及發行前3個月，這些時間點都會影響可轉債價格。以2019年4月30日可套利可轉債資料來看，排名前3的鈺齊三（98023）、興采一（44331）及健策二（36532）皆可融券，但依然產生了不小的折價。此3檔可轉債停止轉換起迄日列於次頁圖。

大部分公司召開股東會的時間都在每年的5～6月，往前推算2個月就大約是停止轉換的期間。鈺齊三折價高達25.33%的主因是到期日

2019年4月30日可套利可轉債

🏠 ‖可轉債☆☆☆‖可套利☆☆CB

日期選擇　　　2019 年 04 月 30 日 🗓　悠債網 **Yobond**　　　　　　　　確定

CB名稱	CB代號	轉換價	轉換比例	標的股票期代碼	現股收盤價	CB理論價	CB價格	折溢價	CBAS所需權利金
鈺齊三KY	98023	49.8	2.008	–	66.6	133.73	99.85	-25.33%	0.35
興采一	44331	30	3.3333	–	35.4	118	112.9	-4.32%	21.6
健策二	36532	68	1.4706	–	117	172.06	165	-4.1%	67.9
恆耀三	83493	64.8	1.5432	–	80.9	124.84	121	-3.08%	17.15
強信一KY	45601	48.4	2.0661	–	57.4	118.59	116.2	-2.02%	17.8
麗清二	33462	35.1	2.849	–	38.8	110.54	108.8	-1.57%	–
動力一KY	65911	43.05	2.3229	–	47.8	111.03	109.85	-1.06%	–

鈺齊三KY

發行日期	2016-05-03	到期日	2019-05-03
到期價格	100	發行時轉換溢價率	102.63
最近提前償還日	2019-05-03	最近提前償還價格	100
強制贖回日		停止轉換起日	2019-04-14
停止轉換迄日	2019-06-12	債券擔保情形	無
本月賣回張數	0	本月買回張數	0
本月轉換張數	94	賣回條件	發行滿二年
停止轉換事由	辦理股東常會作業事宜		

興采一

發行日期	2019-01-17	到期日	2024-01-17
到期價格	100	發行時轉換溢價率	105.64
最近提前償還日	2022-01-17	最近提前償還價格	100
強制贖回日		停止轉換起日	2019-04-20
停止轉換迄日	2019-06-18	債券擔保情形	無
本月賣回張數	0	本月買回張數	0
本月轉換張數	916	賣回條件	發行滿三、四年
停止轉換事由	辦理股東常會作業事宜		

健策二

發行日期	2018-05-31	到期日	2023-05-31
到期價格	100	發行時轉換溢價率	105.79
最近提前償還日	2021-05-31	最近提前償還價格	100
強制贖回日		停止轉換起日	2019-04-14
停止轉換迄日	2019-06-12	債券擔保情形	無
本月賣回張數	0	本月買回張數	0
本月轉換張數	140	賣回條件	發行滿三年
停止轉換事由	辦理股東常會作業事宜		

資料來源：悠債網

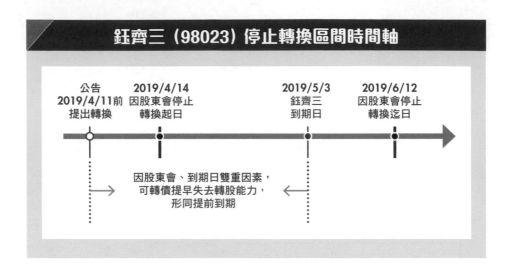

鈺齊三（98023）停止轉換區間時間軸

公告
2019/4/11前
提出轉換

2019/4/14
因股東會停止
轉換起日

2019/5/3
鈺齊三
到期日

2019/6/12
因股東會停止
轉換迄日

因股東會、到期日雙重因素，
可轉債提早失去轉股能力，
形同提前到期

為5月3日，但4月14日到6月12日因召開股東會停止轉換，形同4月14日就提前到期，所以4月30日的價格才會只剩下99.85元。鈺齊當時有發出公告，避免投資人誤買可轉債產生損失。

興采一的發行日期為2019年1月17日，並且於4月12日遇到融券最後回補日，同時受限前3個月、4月17日前不可轉股，無法進行融券套利操作；又因股東會即將召開，4月20日到6月18日也無法轉換。發行整整5個月，僅在4月18日、19日2天可提出轉換，但從次頁圖可以看出，即使在4月18日同時買進可轉債、同時融券放空股票，也無法等到4月20日之後交割並且提出轉換。因此在雙重不利因

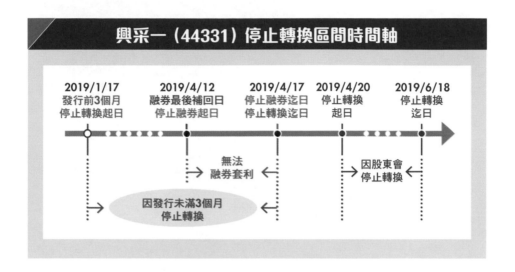

素下（發行前3個月不可轉股、股東會之前不得轉股），導致可轉債價格較為疲軟，折價擴大。

上圖用不同顏色標示，如4月12日同時存在2個事件：融券最後回補日與停止融券起日；同樣在4月17日也有2個事件：停止融券迄日與停止轉換迄日。而讀者也應該注意到了，公司派巧妙地藉由法規，讓可轉債發行近半年，股價都不會因融券受到打壓及干擾。

健策二折價4.1%則是最常見的情況，先遭遇融券強制回補、接著暫停轉換將近2個月，要注意的是，4月3日不但是融券最後回補日，而且從這天開始到4月10日不可融券。4月11日（四）雖然開始可以

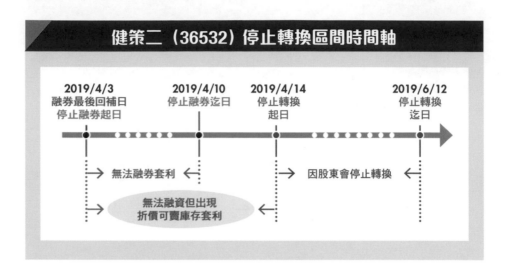

融券，但4月11日之後在市場買進的可轉債，必須等到T＋2交割，
也就是4月15日（一）才能提出轉換，此時已經進入停止轉換期間。
因此從4月3日停止融券起的2個月，就無法操作買進可轉債並同時融
券進行套利了。

停止轉換期間容易出現折價可套利的情況，但有可能看得到、吃
不到，如果看到折價就興沖沖跑去融券套利，最後可能因為融券產
生的高額標借費用得不償失，這點務必注意。

3-7 個股成交量過低 不利可轉債價格

每家上市櫃公司可發行可轉債的總額都不同，大多與公司規模成正比，但市場上也有公司發行了比股本大很多、甚至多了數倍的可轉債。

💲 發行量過大 影響可轉債價格

以悠債網2020年2月底的動態資料連結表（次頁表）來看，股本僅有8.36億元的樺漢（6414），居然同時有2檔可轉債流通在市場上，而且2檔可轉債的發行總額合計78億元，是股本的9倍有餘。而股本僅2.33億元的瓦城（2729），也發行8億元的可轉

債瓦城一,是股本的3倍多。

可轉債發行量過大,確實會影響到價格,比較樺漢二與樺漢三上市
首日的價格即能驗證。

從146頁動態避險模組可看到,2016年5月13日樺漢二發行時,
理論價僅有94.72元,市價還能維持106.3元,溢價高達12.23%;然

可轉債公司

可轉債名稱	可轉債代碼	股票代碼	股本(億元)	股價(元)	可轉債理論價(元)	可轉債市價(元)
樺漢三	64143	6414	8.36	233.5	89.95	106.7
瓦城一	27291	2729	2.33	253	84.33	103.5
碩禾二	36912	3691	6.37	133	54.97	97.7
永冠二KY	15892	1589	10.56	60.3	30.91	–
樺漢二	64142	6414	8.36	233.5	60.89	–
智伸科一	45511	4551	8.19	168	93.85	111.7
泰博三	47363	4736	8.41	160	114.29	122
三圓二	44162	4416	6	82	94.04	107.5
互動一	64861	6486	3.69	73.6	93.76	107.2
宜特五	32895	3289	9.36	40.1	32.58	97.15
碩天一	36171	3617	8.1	105.5	86.48	107
廣越一	44381	4438	10.34	136.5	83.74	104.5
美律二	24392	2439	20.79	143	102.66	112.3
訊芯一KY	64511	6451	10.54	134.5	78.52	106
恒耀三	83493	8349	11.64	59.8	98.84	–
VHQ二KY	48032	4803	3.94	93.7	73.78	–

而3年後的2019年2月26日，樺漢三掛牌首日，理論價還有107.41元，可轉債價格漲不上去，僅有106.55元，出現0.8%的折價，顯示樺漢三的價格偏弱。

樺漢背後有鴻海（2317）當靠山，照理說市場給予的可轉債價格應該享有較大的溢價，而且樺漢三還是一檔TCRI為4、屬於中低風險

股本vs發行量

最近 賣回價格（元）	賣回 剩下多少年	發行金額 （億元）	擔保	等級	發行量/ 股本比
101.5075	2.00	60	TCRI	4	7.177033493
100	1.79	8	TCRI	5	3.433476395
103.8	0.92	20	TCRI	8	3.139717425
102.53	0.48	25	TCRI	6	2.367424242
100	1.21	18	TCRI	4	2.153110048
100.75	0.95	15	TCRI	5	1.831501832
101.51	2.48	15	玉山	–	1.783590963
103.8067	2.56	10	台新	–	1.666666667
100.5006	1.74	6	TCRI	6	1.62601626
100	0.68	15	TCRI	8	1.602564103
101.5075	2.89	12	TCRI	4	1.481481481
100	2.67	15	TCRI	5	1.450676983
100	1.79	30	TCRI	3	1.443001443
100	0.96	15	TCRI	4	1.423149905
107.728	1.27	15	TCRI	6	1.288659794
103.0301	2.63	5	無	–	1.269035533

指標的可轉債。

　　兩者最大不同就在於樺漢二發行18億元、樺漢三發行高達60億元，當同一家公司2檔可轉債擺在一起比較，發行量造成的差異就十分明顯了。更多的發行量代表更高的債務與風險，導致樺漢三價格不

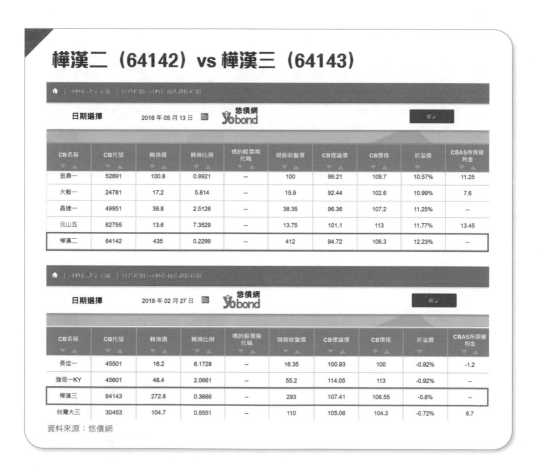

樺漢二（64142）vs 樺漢三（64143）

日期選擇　2016 年 05 月 13 日　悠債網 Yobond　確定

CB名稱	CB代號	轉換價	轉換比例	標的股票期代碼	現股收盤價	CB理論價	CB債格	折溢價	CBAS所需權利金
宣鼎一	52891	100.8	0.9921	--	100	99.21	109.7	10.57%	11.25
大毅一	24781	17.2	5.814	--	15.9	92.44	102.6	10.99%	7.6
晶達一	49951	39.8	2.5126	--	38.35	96.36	107.2	11.25%	--
元山五	62755	13.6	7.3529	--	13.75	101.1	113	11.77%	13.45
樺漢二	64142	435	0.2299	--	412	94.72	106.3	12.23%	--

日期選擇　2019 年 02 月 27 日　悠債網 Yobond　確定

CB名稱	CB代號	轉換價	轉換比例	標的股票期代碼	現股收盤價	CB理論價	CB債格	折溢價	CBAS所需權利金
長佳一	45501	16.2	6.1728	--	16.35	100.93	100	-0.92%	-1.2
強信一KY	45601	48.4	2.0661	--	55.2	114.05	113	-0.92%	--
樺漢三	64143	272.8	0.3666	--	293	107.41	106.55	-0.8%	--
台灣大三	30453	104.7	0.9551	--	110	105.06	104.3	-0.72%	6.7

資料來源：悠債網

如樺漢二。

　以上例子是比較股本與發行量的關係，但如果發行量本來就大的公司，可轉債價格會不會受影響呢？次頁表列出發行量在20億元以上的公司，可以看出，可轉債發行量大的公司，股本的確較大，如新光金五（28886）1,260億元、華航六（26106）542.1億元、台灣大三（30453）349.6億元。因流通在外股票數量較多，可轉債流動性也較佳，價格會比流動性差的可轉債高。

　剛剛提到可轉債發行量及流動性與價格的關係，另外還有一個影響可轉債價格的關鍵因素，就是個股成交量。

　如何證明轉換標的股票成交量不足，會讓可轉債價格不振呢？次頁下圖將悠債網的流通總表以價格排序，就能看出可轉債價格最低的前幾名，其本尊成交量有些都非常低迷。

　其中特別圈出來的龍燈五（41415）、岳豐九（62209）以及沛波三（62483），因為溢價在10%以下，表示股價並無大幅下跌，因此排除可轉債價格不佳的因素，而其本尊成交量如岳豐低於200張、龍燈不到百張、沛波甚至常態性不到10張。

　本尊成交量低，可能造成券源少，也會影響價格。其他如金穎

發行量大

可轉債 名稱	可轉債 代碼	股票 代碼	股本 （億元）	股價 （元）	可轉債 理論價（元）	可轉債 市價（元）
興富發五	25425	2542	116.66	45	104.41	110.7
台灣大三	30453	3045	349.59	106.5	106.61	108.5
陽明五	26095	2609	206.53	6.91	66.44	100.75
長榮航三	26183	2618	485.36	12.1	88.32	102.4
樺漢三	64143	6414	8.36	233.5	89.95	106.7
華航六	26106	2610	542.1	8.4	66.67	99.25
億光六	23936	2393	44.32	33.3	57.51	–
新光金五	28886	2888	1260.04	9.74	90.35	105
新光金四	28885	2888	1260.04	9.74	111.57	–
晟德三	41233	4123	41.82	53.3	125.71	–
美律二	24392	2439	20.79	143	102.66	112.3
永冠二KY	15892	1589	10.56	60.3	30.91	–
碩禾二	36912	3691	6.37	133	54.97	97.7
奇力新六	24566	2456	24.37	125.5	133.51	134.45
台船一	22081	2208	47.3	23.65	94.22	105.45

2020年2月26日可轉債流通總表

CB名稱	CB代號	轉換價	轉換比例	CB理論價	CB價格	折溢價	最近賣回日	最近賣回價格
事欣科二	49162	39	2.5641	73.97	87.95	18.9%	2022-12-13	103.03
矓燈五KY	41415	15.8	6.3291	90.82	91.5	0.75%	2021-12-09	103.632
久陽三	50113	18.9	5.291	76.45	93	21.65%	2021-06-18	101.51
岳豐九	62209	26.8	3.7313	84.7	93	9.8%	2023-02-18	100
愛地雅五	89335	14.3	6.993	47.34	93	96.45%	2021-06-08	104.568
台耀三	47463	59.9	1.6694	68.95	96	39.23%	2021-07-20	100
沛波三	62483	29.9	3.3445	93.14	96.9	4.04%	2021-11-11	101.506

搜尋日期　2020 年 02 月 26 日　悠債網 Yobond

資料來源：悠債網

的可轉債

最近 賣回價格(元)	賣回 剩下多少年	發行金額 （億元）	擔保	等級	發行量/ 股本比
103.7971	0.28	100	合庫等聯擔	–	0.85719184
100	1.74	100	TCRI	1	0.286049372
100	1.25	76	台銀等聯擔	–	0.367985281
100	0.67	70	TCRI	6	0.144222845
101.5075	2.00	60	TCRI	4	7.177033493
100	0.93	60	TCRI	6	0.110680686
100	0.22	50	TCRI	4	1.128158845
100.9027	1.81	50	無	–	0.03968128
101.51	0.49	40	無	–	0.031745024
100	0.38	34	TCRI	6	0.81300813
100	1.79	30	TCRI	3	1.443001443
102.53	0.48	25	TCRI	6	2.367424242
103.8	0.92	20	TCRI	8	3.139717425
100	2.55	20	TCRI	4	0.820681165
102.015	4.00	20	彰銀	–	0.422832981

（1796）、宏旭-KY（2243）、英瑞-KY（1592）、九陽（8040）、
昇華（4806）常出現每日個位數的成交量，甚至無成交量，本尊流
動性都出大問題，更不用提分身可轉債了。

第 **4** 章
套用存股概念
輕鬆抓住獲利

4-1
賣回操作
時間到就有價差賺

　　有讀者覺得可轉債好難,但這只是不熟悉造成的錯覺。你不嘗試,怎麼知道自己不會。

　　2020年初我到紐西蘭泛舟,下水前還覺得很危險而有些抗拒,我就問領隊,這個行程危險性高不高?他拍胸脯保證:泛舟最危險的部分,就是下水前必須橫越你眼前的這條馬路。

　　我覺得投資可轉債就跟穿著救生衣泛舟一樣,有「賣回價」保底不讓你下沉,有什麼好擔心的?

　　既然賣回報酬率是賣回可轉債產生的,只要知道何時賣回、多少價格賣回即可進行操作。讀者可以使用悠債網的「流通資料總表」,以

2020年3月5日可轉債流通總表

可轉債流通總表								
搜尋日期	2020 年 03 月 05 日	悠債網 Yobond						

CB名稱	CB代號	轉換價	轉換比例	CB理論價	CB價格	折溢價	最近賣回日	最近賣回價格
事欣科二	49162	39	2.5641	74.23	87.05	17.27%	2022-12-13	103.03
VHQ二KY	48032	127	0.7874	75.04	89.25	18.94%	2022-10-14	103.03
金穎生技一	17961	48.8	2.0492	55.33	89.3	61.4%	2022-03-06	101.507
英瑞一KY	15921	20.6	4.8544	65.05	90	38.36%	2021-11-18	102.01
宏旭一KY	22431	19.4	5.1546	72.68	90	23.83%	2021-11-30	103.03
其祥二KY	12582	30	3.3333	54	90.7	67.96%	2021-09-10	101.507
岳豐九	62209	26.8	3.7313	82.09	91.9	11.95%	2023-02-18	100
愛地雅五	89335	14.3	6.993	43.36	92.5	113.33%	2021-06-08	104.568
久陽三	50113	18.9	5.291	75.66	92.7	22.52%	2021-06-18	101.51

資料來源：悠債網

2020年3月5日收盤價為例，以可轉債價格排序。

流通總表已經列出賣回日及賣回價，點擊「事欣科二（49162）」可看更詳細的資料，若對賣回定義不清楚，請參閱章節2-8債權人的賣回權。

前面章節已解釋過賣回日與到期日的差異，賣回日不等於到期日，並可能有一個以上的賣回日。次頁圖以事欣科二賣回報酬率為例，到期前共有2次賣回，因為是以2020年3月5日收盤價舉例，所以距

事欣科二（49162）賣回說明

事欣科二			
最新餘額(百萬)	500	發行辦法內容	連結
發行日期	2019-12-13	到期日	2024-12-13
到期價格	100	發行時轉換溢價率	115
最近提前償還日	2022-12-13	最近提前償還價格	103.03
強制贖回日		停止轉換起日	
停止轉換迄日		債券擔保情形	無
本月賣回張數		本月買回張數	
本月轉換張數		賣回條件	發行滿三、四年

十九、債券持有人之賣回權

　　本轉換公司債以發行滿三年(111 年 12 月 13 日)及發行滿四年(112 年 12 月 13 日)為債券持有人賣回基準日，本公司應於賣回基準日之四十日前(111 年 11 月 3 日及 112 年 11 月 3 日)，以掛號寄發一份「債券持有人賣回權行使通知書」予債券持有人(以「債券持有人賣回權行使通知書」寄發日前第五個營業日債券持有人名冊所載者為準，對於其後因買賣或其他原因始取得本轉換公司債之投資人，則以公告方式為之)，並函請櫃檯買賣中心公告債券持有人賣回權之行使。債券持有人得於公告後三十日內至原交易券商填具賣回申請書，由原交易券商向集保公司提出申請，集保公司於接受申請後，以電子化方式通知本公司股務代理機構(於通知送達時即生效力，且不得申請撤銷)要求本公司以債券面額加計利息補償金【滿三年及滿四年分別為債券面額之 103.0301% 及 104.0604%(實質收益率 1%)】將其所持有之本轉換公司債以現金贖回。

資料來源：悠債網

離第1個賣回日2022年12月13日總共有1,013天、價差高達15.98元、報酬率為18.36%，由於尚餘2.76年，賣回報酬率年化之後為6.62%。

以悠債網的「賣回報酬率排行榜」模組進行排序會發現，價格低的可轉債，年化報酬率不一定比較高，這要考量買進至賣回還剩餘多少

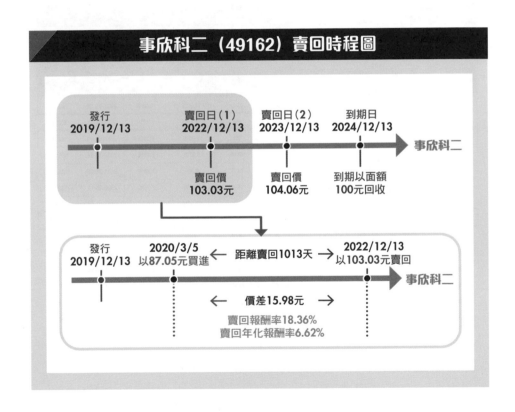

事欣科二（49162）賣回時程圖

發行
2019/12/13

賣回日（1）
2022/12/13

賣回日（2）
2023/12/13

到期日
2024/12/13

事欣科二

賣回價
103.03元

賣回價
104.06元

到期以面額
100元回收

發行
2019/12/13

2020/3/5
以87.05元買進

← 距離賣回1013天 →

2022/12/13
以103.03元賣回

事欣科二

← 價差15.98元 →

賣回報酬率18.36%
賣回年化報酬率6.62%

天，以及賣回價格，例如大峽谷一（52811）可轉債的價格98元，
遠高於事欣科二的87.05元，但因在2020年9月18日就可賣回，比事
欣科二早了近3個月，所以年化後的報酬率是7.58%，反而高於事欣

距賣回日遠近 影響年化報酬率

⌂ │ 可轉債決策系統 │ 付費報組-CB存股前(賣回)報酬率排行榜

日期選擇　　2020 年 03 月 05 日 📅　　悠債網 Yobond　　　　確定

CB名稱	CB代號	純按債	現股收盤價	CB理論價	CB價格	賣回報酬率	賣回年化報酬率	最近賣回日	最近賣回價格
愛地雅五	89335	14.3	6.2	43.36	92.5	13.05%	10.35%	2021-06-08	104.568
英瑞一KY	15921	20.6	13.4	65.05	90	13.34%	7.82%	2021-11-18	102.01
大峽谷一KY	52811	81.3	22.7	27.92	98	4.09%	7.58%	2020-09-18	102.01
正崴四	26414	10.16	6.27	61.71	99.05	5.57%	7.56%	2020-11-29	104.568
久陽三	50113	18.9	14.3	75.66	92.7	9.5%	7.38%	2021-06-18	101.51
虹揚一KY	65731	56.1	19.8	35.29	98.8	3.25%	7.19%	2020-08-17	102.01
金穎生技一	17961	48.8	27	55.33	89.3	13.67%	6.83%	2022-03-06	101.507
事欣科二	49162	39	28.95	74.23	87.05	18.36%	6.62%	2022-12-13	103.03
碩禾二	36912	241.97	124.5	51.46	98.05	5.86%	6.56%	2021-01-25	103.8
VHQ二KY	48032	127	95.3	75.04	89.25	15.44%	5.91%	2022-10-14	103.03
運錩三	20693	24.2	16.45	67.97	98.3	2.75%	5.43%	2020-09-06	101.003
疑塵五KY	41415	15.8	15.35	97.15	96.25	7.67%	4.35%	2021-12-09	103.632
宜特五	32895	123.1	39.55	32.13	97.3	2.77%	4.23%	2020-10-30	100
岳豐九	62209	26.8	22	82.09	91.9	8.81%	2.98%	2023-02-18	100
沛波三	62483	29.9	27.3	91.3	97	4.65%	2.76%	2021-11-11	101.506
聯合三	41293	51.5	39.1	75.92	98	2.04%	0.81%	2022-09-10	100

資料來源：悠債網

科二的6.62%。

再次強調，本書適用存股投資人而非可轉債投資人，存股投資人可利用手上的持股，以章節3-5的方式進行套利外，賣回操作又是最基本、最簡單、最可行的操作，投資人可小量買進嘗試，把上表當成「類定存表」，第1列指的是：用92.5元買1張愛地雅五（89335），「存股」1年3個月後的6月8日可以拿回104.568元。賣回操作就是這麼簡單，買進放著，時間到就有價差賺，跟泛舟一樣知難行易。

4-2 違約率低 不用擔心本金虧損

很多讀者對可轉債賣回的高報酬率感到驚訝，尤其在目前台灣的低利環境，高於定存的投資常被認為有重大風險。

然而可轉債賣回報酬率動輒5%起跳，而根據效率市場假說，如果掉在地面上的鈔票是真的（指5%以上報酬率的可轉債），應該會馬上被撿走（大量買進而使得報酬率下降），所以你撿到的應該是假鈔（可能會違約）。然而現實狀況是，即使報酬率高達7%以上，可轉債的違約率依然極低。

可轉債賣回報酬率是建立在市價低於賣回價的基礎上，因此賣回報酬率高者，幾乎都是信評不佳者。在章節3-1我不斷提到信用評等對

可轉債的重要性，尤其在可轉債的發行條件中，信評好壞幾乎主宰了可轉債上市的價格，有擔保、TCRI佳者，價格會較高；但信評不好，不代表必然違約。

1990～2019年總共發行了1,724檔可轉債，統計資料見柱狀圖。

這張柱狀圖顯示，在2004年博達案及2016年樂陞案發生後，可轉債發行檔數都大幅下滑，尤其在樂陞案後，主管機關制訂樂陞條款，包含禁止上市前5個交易日券商承做可轉債選擇權（CBAS）、停止轉換期間由上市1個月拉長為3個月，以及詢圈（詢價圈購）券商給予特定

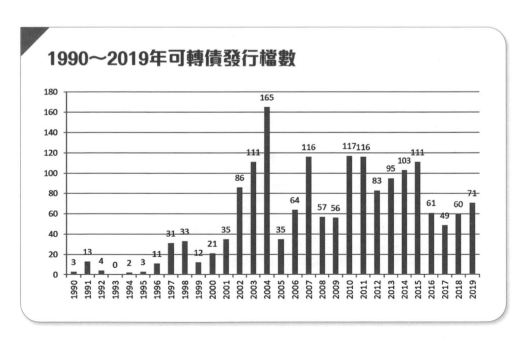

1990～2019年可轉債發行檔數

人認購可轉債IPO的資格也變嚴格，就是要增加主力操作的難度（雖然效果有限）。而1,724檔可轉債總共有29檔違約，違約比率約1.68%；2008～2019年發行了979檔、7檔違約，違約比率大約0.7%。

為何要以2008年為分水嶺呢？因為當年發生了金融海嘯，發生違約機率應該最高，所以必須以最嚴格的角度來審視，若選取樣本刻意避開2008年，就有美化帳面的疑慮。然而出人意表的，這12年之內違約的僅有目前已下市的歌林、樂陞、華美、揚華、復興航空5家公司總計7檔可轉債。

2008年僅有一檔歌林可轉債違約，是在2008年7月發生，在此之前2個月台股才剛創下一年高點9,309，而金融海嘯是在2008年下半年發酵，到9月雷曼兄弟宣布破產時，恐慌達到高點。因此歌林可轉債違約，與金融海嘯並無直接關係。

以2008年11月20日賣回報酬率排行榜來看，當天台股收盤是SARS以來的最低點4,089，照理來說，市況最差當天的可轉債，後續違約機率應該最高；然而高達40檔可轉債的賣回報酬率高於10%，前5名依序是華上二（278.7%）、力晶一（129.81%）、斐成一（112.13%）、南仁二（66.64%）、連展一（62.38%），前5名平均

1998～2019年違約的可轉債

違約時間	可轉債名稱	可轉債代碼	違約原因
1998/9	東鋼一	20061	1998年9月財報揭露時有430萬元未清償
1998/12	長億一	25181	無法支應投資人賣回
1999/8	大穎一	87111	公司因財務危機而下櫃，無力清償
1999/8	大穎二	87112	同上
1999/11	皇旗一	53131	公司因跳票無力清償債款
1999/11	皇旗二	53132	同上
2000/5	尖美一	87161	被票交所列為拒絕往來戶
2000/10	名軒一	14421	2000年底無法支應投資人賣回，2001年底公司全數買回註銷
2001/1	名佳利一	20161	資金不足無法支應投資人賣回，爾後以分期付款方式償還
2001/5	大裕一	87231	未按期償還債權人協商之金額
2001/5	華建二	25302	因短期資金流動性不足導致違約
2001/6	啟阜一	25221	1999年被打入全額交割，2001年子公司啟阜建設又跳票
2001/10	龍田一	55021	存款不足遭退票被列為拒絕往來戶，無力清償欠款
2002/2	長谷二	25172	當年1月先被打入全額交割，2月又被公告違約
2003/3	久津一	12211	票交所列為拒往戶CB視同到期
2003/3	久津二	12212	同上
2003/4	耀文一	53071	公司跳票，無力清償債款
2003/7	茂矽一	23421	到期無法償還，爾後分期並加計利息補償金償還
2003/7	茂矽二	23422	同上
2004/2	太設二	25062	公司跳票
2004/7	博達一	23981	公司被掏空，欠款無法償還投資人
2005/7	衛道一	30211	資金不足被金融機構退票，無力償還
2008/7	歌林二	16062	公司跳票，可轉債暴跌至7元，股票下市
2015/8	揚華一	47031	掏空，未公告財報停止交易
2016/11	樂陞四	36624	掏空，未公告財報停止交易
2016/11	樂陞五	36625	掏空，未公告財報停止交易
2016/11	樂陞六	36626	掏空，未公告財報停止交易
2017/1	興航一	67021	公司宣告解散停止交易
2017/11	華美一	61071	掏空，未公告財報停止交易

報酬率是129.93%，前10名平均是87.48%，前20名平均是57.7%。最讓人震驚的是，這些可轉債沒有任何一檔違約，違約率為0。

由此得到一個結論，總體經濟狀況不佳，與可轉債的違約率並無直接關聯，近年可轉債違約的主因都是發行公司人謀不臧，藉由可轉債掏空資產所導致。從2008年到現在，真正因為財務困難導致可轉債違約的例子，只有歌林及復興航空，實際違約率比想像中更低。因監督不周導致的掏空案，必須仰賴主管機關加強監管。但投資人該怎麼做，才能避免踩到這些地雷呢？下個章節將有詳細說明。

金融海嘯時期可轉債賣回報酬率

🏠 可轉債決策系統 付費模組-CB存股術(賣回)報酬率排行榜									
日期選擇	2008 年 11 月 20 日 📅			悠債網 Yobond				確定	
CB名稱 ▼▲	CB代號 ▼▲	轉換價 ▼▲	現股收盤價 ▼▲	CB理論價 ▼▲	CB價格 ▼▲	賣回報酬率 ▼▲	賣回年化報酬率	最近賣回日 ▼▲	最近賣回價格 ▼▲
華上二	62892	31.32	2.88	9.2	24.9	301.61%	278.7%	2009-12-20	100
力晶一	53461	15.94	2.42	15.18	32.5	207.69%	129.81%	2010-06-27	100
斐成一	33131	96.6	6.78	7.02	34.5	189.86%	112.13%	2010-07-31	100
南仁二	59053	18.4	6.42	34.89	66	55.32%	66.64%	2009-09-19	102.51
運展一	54911	36.2	5.74	15.86	74.5	39.65%	62.38%	2009-07-10	104.04
及成一	30951	34.9	7.28	20.86	62.9	60.58%	56.41%	2009-12-17	101.002
商丞二	82772	18.4	2.44	13.26	82	25.63%	48.73%	2009-05-31	103.02
統懋二	24342	47.35	9.68	20.44	73.9	40.09%	44.88%	2009-10-12	103.53
岳豐二	62202	21.13	7.5	35.49	78.5	27.39%	37.58%	2009-08-13	100

資料來源：悠債網

4-3 10秒快速看出可轉債違約徵兆

即使可轉債違約率很低，但仍有違約風險，那麼要如何判斷可轉債會不會違約呢？

將時空倒回至2008年，我第一次接觸的可轉債是因為歌林（1606，已下市），當年6月，市場就流傳了一份財務分析，內容除了列舉歌林存貨、應收帳款過高等問題，最重要的是，提到了6月中旬歌林可轉債僅剩下61元，如果歌林財務狀況良好，又怎麼會出現高達60%以上的報酬率呢？

那時我就開始關注歌林及其可轉債，歌林股價不斷創下新低，融券卻不減反增，這個現象是相當異常的。在7月初，歌林傳出子公

歌林二（16062）價格跌 報酬率卻超高

CB名稱	CB代號	轉換價	現股收盤價	CB理論價	CB價格	賣回報酬率	賣回年化報酬率	最近賣回日	最近賣回價格
歌林二	16062	13.59	8.35	61.44	61	63.93%	26.76%	2010-11-07	100
仕欽一	62321	12.81	4.86	37.94	73.2	36.61%	10.46%	2011-12-18	100
驊祥二	61203	30.67	15.5	50.54	75	33.33%	19.16%	2010-03-15	100
華上二	62892	39.15	20.35	51.98	81.3	23%	15.26%	2009-12-20	100
良維四	62904	21.5	13.5	62.79	85.5	23.39%	15.52%	2009-12-20	105.5

日期選擇　2008 年 06 月 18 日　悠債網 Yobond　確定

資料來源：悠債網

司重整下市前，歌林融券餘額從5月20日起跌點的10,466張，暴增到出事前7月8日的43,928張，同期間股價從12.1跌至6.53元，跌幅46%，融券卻逆勢暴增300%以上，原始的融券持有人已賺40%以上，不但不回補獲利了結，還一路加碼，似乎篤定股價還有更低點。

訊號❶ 股價跌、融券增

而伴隨著這些利空，歌林子公司重整下市前一天，可轉債價格僅剩48.6元，融券更是在出事前2天分別增加了6,970張及5,128張。這些融券絕對來自知情人士，甚至是公司內部人。

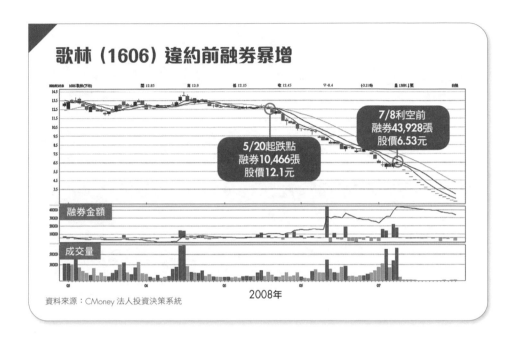

歌林（1606）違約前融券暴增

5/20起跌點
融券10,466張
股價12.1元

7/8利空前
融券43,928張
股價6.53元

融券金額

成交量

2008年

資料來源：CMoney 法人投資決策系統

　　果不其然，到了7月8日晚上，歌林就發布重訊，隨著子公司下市，龐大的應收帳款也無力回收，一週後就被打入全額交割股，股價一瀉千里，前幾天未卜先知去放空的融券投資人，個個都大賺。

　　當年我對可轉債還不太熟悉，但也跟風放空了幾張歌林，短短幾天就有70%以上的報酬。

　　「融券暴增、股價暴跌」的現象並不僅限於歌林，最經典的一役是勝華（2384，已下市）。我是台灣第一個在網路上指出勝華可能

歌林可轉債崩跌 融券不減反增

CB名稱	CB代號	CB理論價	CB收盤價	已轉股比例	券現償	累計五日券償量	累計二十日券償量	券增減	融券占CB發行量比
歌林二	16062	47.31	47.2	9.96%	13	1370	6492	6970	26.36%

日期選擇　2008 年 07 月 07 日　悠債網 Yobond　確定

CB名稱	CB代號	CB理論價	CB收盤價	已轉股比例	券現償	累計五日券償量	累計二十日券償量	券增減	融券占CB發行量比
歌林二	16062	48.05	48.6	9.96%	0	295	6492	5128	29.85%

日期選擇　2008 年 07 月 08 日　悠債網 Yobond　確定

資料來源：悠債網

會爆發財務危機的人（文章網址：www.wearn.com/bbs/t843527.
html），就是從融券暴增判斷出來的，因為如果我知道公司即將重整
下市，除了偷賣股票，會不會也同時放空獲利呢？這也解釋了因內線
交易而造成了融券暴增。

　　勝華幾乎完整重現歌林違約前的步驟：融券從起7月17日跌點
的1.6萬張，暴增到9月23日利空之前的10.8萬張，比歌林當年更
離譜。

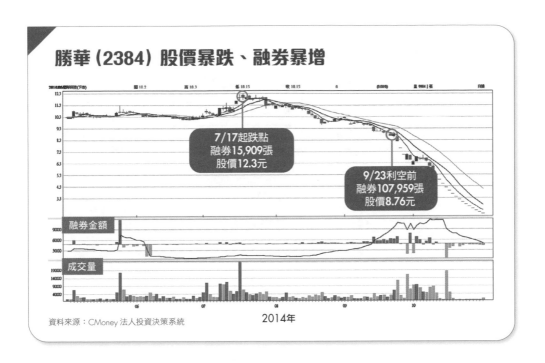

勝華（2384）股價暴跌、融券暴增

7/17起跌點
融券15,909張
股價12.3元

9/23利空前
融券107,959張
股價8.76元

融券金額

成交量

2014年

資料來源：CMoney 法人投資決策系統

訊號❷ 內部人出脫持股

此時，我又發現，勝華經理人居然在股價歷史低檔時出脫持股。

所以這個時候，我毫無懸念地加入放空行列。融券常是內部人在得知公司重大利空時牟取暴利的工具，也因為如此，要看出可轉債違約的徵兆，最簡單的方式，就是觀察融券是否出現異常。

訊號❸ 強制回補前 融券還暴增

樂陞（3662，已下市）則最狡猾，違約前一天的融券餘額高達

勝華經理人大量轉讓持股（9/19上市公司持股轉讓明細）

公司	申報人身分	姓名	轉讓方式	受讓人	目前持股	轉讓股數
勝華	經理人	黃俊銘	一般交易		113,334	108,334
勝華	經理人配偶	黃俊銘之配偶	一般交易		3,555	3,555
新世紀	經理人	李�͏裕銘	信託	中信銀受託信	226,478	140,000

6,090張，但因為包含部分可轉債投資人以及預防合併案交易失敗的避險單，難以辨別是否有真正的空單，而且幾天後就要除息，融券要強制回補，真的會有這麼賭性堅強的投資人嗎？但以結果論，樂陞出事前確實也有融券異常的狀況。

唯一公司決定解散、非人謀不臧導致違約的可轉債是復興航空，在違約前的2017年第3季被取消信用交易，無法從融券增減看出徵兆。被取消信用交易前突然增加的空單，難以分辨是知道公司要解散而提前融券，還是單純覺得營運不佳而放空，所以公司如果無法融資融券進行信用交易，就不適合這個準則。

💲 融券無異常 違約機率低

2018年11月21日，大略一KY（48041）的賣回年化報酬率高達

15.56%，很多人寫信問我大略一違約的可能性？因為大略一未轉換餘額還有3.48億元，而當時財報顯示2018年第3季現金及約當現金不到3億元，如何支應隔年6月到期的可轉債？

　　此時我只花10秒調出融券資料，就做出「大略一KY短期沒有違約可能」的結論。原因就在於大略股票的融券僅有16張，如果真有違約可能，內部人早就跑來卡位放空了。之後，大略一KY果然一路穩定朝賣回價101.003元邁進，直至到期。

⑤ 不必看財報 就能判斷是否違約

　　絕對不可能有人能「百分之百」預測某檔可轉債不會違約，因為市場是有效率的，當我認為它不會違約，報酬率只要超過我的借款成本，可轉債價格就會迅速被推高；反之，如果認定某檔可轉債確定會違約，現股以及可轉債價格就會天天下跌，來反映利空。

　　所以如果有人挑釁我無法完全用融券狀況來判斷可轉債是否違約，我只會回答：對啊，沒辦法百分之百確定。但如果有兩檔可轉債擺在眼前，一家公司的財報看起來正常，但融券莫名其妙暴增；另一檔跟大略一相同，公司帳面上沒什麼錢、券源充足，但融券餘額稀少，我

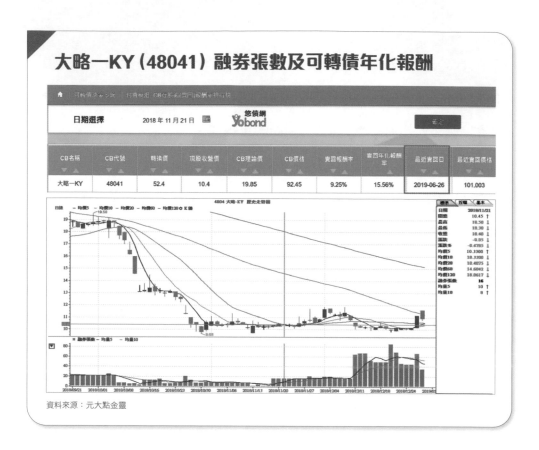

資料來源：元大點金靈

會毫不猶豫地選擇後者。

　　我要強調的是，融券異常是大部分違約可轉債共有的現象，所以要判斷是否可能違約，觀察融券是最簡單的方法，根本不需要研究複雜的財報。

4-4

低價可轉債
代表違約機率高？

自從2008年放空歌林（1606）嘗到甜頭後，我就制訂了一個策略：放空可轉債價格低於80元的公司。我認為，可轉債價格低於80元，違約的機率極高，放空可以大賺。當時低於80元的可轉債總共有4檔，除了違約的歌林，還有輔祥（6120，後更名為達運）、華上（6289）及斐成（3313）三家公司。

當年運氣實在太好，在我執行這個放空策略之後，隨著雷曼兄弟破產、房地美及房利美被美國政府接管，金融海嘯最嚴重時，我不但全身而退，也見識到可轉債的神威，引起我對可轉債的興趣。尤其華上股價從10元以上暴跌至不到2元，讓我對「低價可轉

2008年11月價格低於80元的可轉債

🏠 | 可轉債決策系統 | 付費板組─CB存股術(賣回)報酬率排行榜

日期選擇　　　2008 年 11 月 20 日 📅　悠債網 **Yobond**　　　　　　　　　　　確定

CB名稱	CB代號	轉換價	現股收盤價	CB理論價	CB價格	賣回報酬率	賣回年化報酬率	最近賣回日	最近賣回價格
華上二	62892	31.32	2.88	9.2	24.9	301.61%	278.7%	2009-12-20	100
力晶一	53461	15.94	2.42	15.18	32.5	207.69%	129.81%	2010-06-27	100
斐成一	33131	96.6	6.78	7.02	34.5	189.86%	112.13%	2010-07-31	100
一銓三	24863	39.07	13.6	34.81	56.5	76.99%	30.18%	2011-06-09	100
及成一	30951	34.9	7.28	20.86	62.9	60.58%	56.41%	2009-12-17	101.002
南仁二	59053	18.4	6.42	34.89	66	55.32%	66.64%	2009-09-19	102.51
成霖一	99341	35.4	12.85	36.3	67.6	53.93%	17.44%	2011-12-24	104.06
競國二	61082	15	10.2	68	68.4	52.87%	19.37%	2011-08-13	104.56
益通一	34521	251	74.8	29.8	70.9	41.04%	15.97%	2011-06-16	100
統懋二	24342	47.35	9.68	20.44	73.9	40.09%	44.88%	2009-10-12	103.53
建展一	54911	36.2	5.74	15.86	74.5	39.65%	62.38%	2009-07-10	104.04
遠雄四	55224	109.14	16.85	15.44	76	35.55%	22.11%	2010-06-30	103.02
輔祥三	61203	29.1	4.47	15.36	76	31.58%	24.01%	2010-03-15	100
華固二	25482	67.21	26.7	39.73	76.5	34.67%	20.81%	2010-07-21	103.02
微星二	23772	23.7	12.5	52.74	77.3	29.37%	12.1%	2011-04-25	100
炎洲四	43064	18.4	14.35	77.99	78	32.09%	11.34%	2011-09-19	103.03
岳豐二	62202	21.13	7.5	35.49	78.5	27.39%	37.58%	2009-08-13	100
大成一	12101	36.53	21.7	59.4	79.5	28.97%	7.55%	2012-09-21	102.53

資料來源：悠債網

債會違約」這件事深信不疑──直到我瞧見大成一（12101）。

　　2008年下半年，金融海嘯最嚴重的時期，跌破80元的可轉債實在太多了，能維持在100元以上的無擔保可轉債，可說是鳳毛麟

角。這時我心中也不免有個問號：如果可轉債跌破80元，就有很高的機率違約，當時有將近20檔可轉債，難道都會違約嗎？每家公司都會像歌林一樣跌到停止交易、跌到下市嗎？

我開始懷疑原來的假設，而就在此時，我看到了大成一可轉債跌到72.5元，按照之前的假設，大成一很可能違約。但我強烈懷疑，每年都獲利、賣雞塊的傳統產業公司，真的會爆發財務危機嗎？

🔅 可轉債價格走低 不會導致財務危機

這個時候我反向思考，如果大成一不會違約，此時不但不該放空，還應該反向買進才對。於是在接觸可轉債半年多之後，我才慢慢思考可轉債做多的可能性。但此時出現另一個問題：為何可轉債會跌破賣回價？

其實，我一開始的假設是成立的，價格過低的可轉債，違約風險的確較高；然而，造成低價的原因不一定是財務困難。也就是說，財務危機必定導致可轉債價格走低，但可轉債價格走低，不會導致財務危機。

長榮航三（26183）賣回報酬率

CB名稱	CB代號	轉換價	現股收盤價	CB理論價	CB價格	賣回報酬率	賣回年化報酬率	最近賣回日	最近賣回價格
長榮航三	26183	13.7	9.04	65.99	96.7	3.41%	5.96%	2020-10-27	100

資料來源：悠債網

　　我在寫這篇文章的時候（2020年4月3日），正好出現「現金滿手股 抗疫先鋒」這則新聞，文中提到長榮航（2618）手中還有515.34億元的現金，對照發行量70億元、還剩約65億元的可轉債數量，即使疫情使得本業營收遽減90%以上，但我認為它違約的機率依然是微乎其微；而且當天距離賣回日2020年10月27日，僅剩下不到7個月，賣回年化報酬率到了5.96%，在這個低利年代，還是相當具有吸引力。這又回到一開始的問題：為何不會違約的可轉債，依然跌破賣回價？

　　依據十幾年來的經驗與觀察，我將可轉債沒違約、卻跌破賣回價歸納成以下4個原因。

原因① 信評不佳

風險是影響可轉債價格最主要的因素，以2019年上市的可轉債為例，只要是有擔保可轉債，不管公司體質再差，上市首日最低價也有103.2元；而無擔保、信評低的可轉債，上市當天平均價格僅96.2元。

但從歷史經驗可得知，即使是信用評等不佳的可轉債，發生違約機率也不高。過往發生違約的無擔保可轉債當中，歌林二、樂陞六以及揚華一為TCRI 7，興航一則是TCRI 8，會發生違約的主因是公司蓄意掏空資產，因為財務惡化的違約者，僅歌林及復興航空兩家公司。而信評不佳者距離賣回日越遠，不確定性及變數也越多，因此很多可轉債的最低價都發生在上市初期。

原因② 轉換標的股價暴跌

可轉債有「轉換為股票的權利」，與現股連動，當轉換標的價格大幅下滑之際，可轉債固然有賣回價保底，投資人的保障卻明顯降低。為什麼呢？因為股價超過轉換價時，可轉債理論價遠高於賣回價，這時自然不會有人在賣回日用低價賣回，如次頁圖，2019年12月19日，奇力新四、五、六理論價分別高達195.15元、108.61

奇力新（2456）可轉債理論價高於賣回價

CB名稱	CB代號	轉換價	轉換比例	現股收盤價	CB理論價	CB價格	折溢價	最近賣回日	最近賣回價格
奇力新四	24564	55.6	1.7986	108.5	195.15	196	0.44%	2020-05-29	100
奇力新五	24565	99.9	1.001	108.5	108.61	112.8	3.86%	2020-09-18	100
奇力新六	24566	94	1.0638	108.5	115.42	117	1.37%	2022-09-12	100

資料來源：悠債網

元及115.42元，投資人會直接在市場賣出或轉股出脫，不會要求公司以100元回收。

所以只要股價上漲，賣回權形同虛設，就如上述的奇力新四，不管是TCRI 1或是TCRI 9，都能在市場上用190元以上的價格賣出，即使信評再差也無所謂。

在金融海嘯時期，即使是鴻海（2317）發行的可轉債，最低也曾經跌至94.5元、當日收盤95元。次頁圖可看出鴻海當年的年化報酬率達5.12%，由於股價與大盤暴跌的影響，轉換價210.59元，現股僅80元，在剩下一年的時間漲超過轉換價的希望渺茫。即使投資人不認為TCRI 1的鴻海可轉債有違約的可能，但在市場風聲鶴

鴻海（2317）現股暴跌 拖累可轉債

日期選擇　2008 年 10 月 31 日　悠債網 Yobond　確定

CB名稱	CB代號	轉換價	現股收盤價	CB理論價	CB價格	賣回報酬率	賣回年化報酬率	最近賣回日	最近賣回價格
鴻海一	23171	210.59	80	37.99	95	5.26%	5.12%	2009-11-10	100

資料來源：悠債網

喉、草木皆兵時，持有無轉換價值可轉債的投資人，通常會追求更高的報酬率。

以實際狀況來看，2008年10月31日，鴻海一的價格僅有95元，賣回年化報酬率5.12%，但賣回年化報酬率超過20%的可轉債俯拾即是，所以投資人可以選擇賣出部分的鴻海一，轉進報酬率更高的可轉債。

原因③ 法人停損與避險

法人基於眾多因素而持有大量的可轉債，券商自營部除了本來就有的部位之外，還會因為承做可轉債選擇權（CBAS）而持有更多，不過可轉債選擇權細節留到下個單元再解釋。當股價大幅下跌時，券商有可能以出脫部位來降低風險，而因承做CBAS持

有的可轉債，可以不經客戶同意，在低於約定價格時強制停損賣出（這就是所謂的「價格事件」），這些大量賣壓都會讓可轉債價格暴跌。

有一個例子，就是涉及高雄氣爆案的榮化（1704），榮化三（17043）在短短4個交易日下殺到71.2元，隨著可轉債價格走低，榮化三還出現超過40%的驚人報酬，而能供應數千張可轉債籌碼的，應該是法人無誤。

原因❹ 流動性不佳

台灣股民對可轉債資訊不夠理解，加上2018年之前僅能以詢價圈購發行可轉債，導致籌碼不夠分散，長期處於流動性不足的窘境，因此遭遇股價大幅下修、法人停損賣壓時就容易超跌，以撰寫本文的時間點（2020年4月）來說，可轉債賣回報酬率前10名都在10%以上，但前10名的總成交量只有160張，總成交額不到台幣1,500萬元。流動性的劣勢讓可轉債價格長期不振，但造就了操作賣回投資人的超額報酬。

以上種種原因造成了可轉債價格低於賣回價卻不一定代表會違約，而從2008年迄今，可轉債總體違約率不到1%，不論你是否為

一個認真的投資人，整天研究財報、觀察現金流或許能讓資金安全一些，不可否認賣回操作還是占盡統計學上的優勢。

接下來我們就必須接著探討，是什麼因素讓可轉債不容易發生違約事件呢？

4-5
債轉股特性
讓投資有保障

前面討論了可轉債為何會跌破賣回價，以及出現超低價的原因，然而可轉債因為設計的特殊性，償還的方式富有彈性，給予投資人更多保障。

「賣回權＋轉股選擇權」的設定，使得可轉債有以下特性：本尊股價下跌，「轉股」的權利形同虛設，因為低於轉換價時，理論價勢必低於賣回價，公司至少還你賣回價；股價上漲，「賣回」的權利形同虛設，因為投資人會直接轉股，或在市場上以賣回價以上的價格賣出。

本章節要討論的是，為何可轉債不易違約？

💲 違約罰則重 負責人可能入獄

《證交所營業細則》第49條之1規定，「上市公司若無法如期償還到期或債權人要求贖回的普通公司債或可轉換公司債，其股票得變更交易方式。」亦即可轉債違約，公司將被打入全額交割股。一旦成真，公司股票流動性大受影響，面臨生死存亡危機。除非公司「不玩了」，否則公司高層必定會千方百計還出錢來。

投資人可能以為可轉債違約還有補救措施，但實際上違約等同跳票，所以罰則很重，是可轉債違約率低的最主要原因。而違約除了重創營運，公司負責人也可能為此銀鐺入獄，如樂陞案的許金龍判刑12年、揚華科技實際負責人詹世雄判刑14年，這些嚴厲的罰則讓違約率顯著降低。

在很多極端例子當中，雖然公司財報看起來岌岌可危，但絕大部分仍會在到期或賣回日時生出資金還錢。例如，力晶（5346）1.58億美元的海外可轉換公司債（ECB）在2009年6月17日到期，由於無力全部償還，決定以4成現金、6成換為普通股方式償還。

但因為遭逢金融海嘯，力晶股票、國內可轉債同步跌至歷史低點，但若ECB無法清償，力晶隔天馬上就會變成全額交割股，由於

　　我知道違約罰則嚴重，猜想力晶會全力避免違約事件，力晶股票雖然會下跌，卻不至於下市，因此提早在2009年5月27日放空操作。

　　而力晶國內的可轉債力晶一（53461）及力晶二（53462）也被波及，跌至27.2元的歷史新低，2009年6月2日力晶一及力晶二收盤分別剩下28.8元、28.5元，但可轉債最終還是沒違約，順利賣回了。

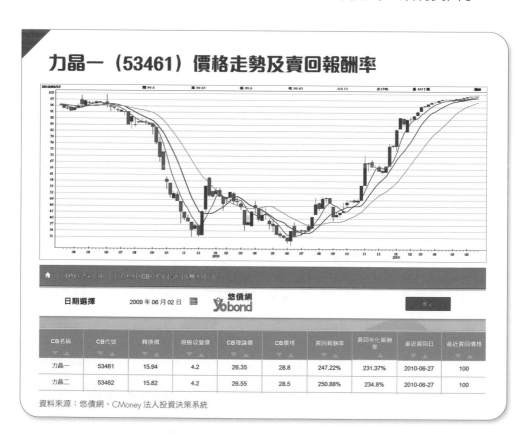

力晶一（53461）價格走勢及賣回報酬率

CB名稱	CB代號	轉換價	現股收盤價	CB理論價	CB價格	賣回報酬率	賣回年化報酬率	最近賣回日	最近賣回價格
力晶一	53461	15.94	4.2	26.35	28.8	247.22%	231.37%	2010-06-27	100
力晶二	53462	15.82	4.2	26.55	28.5	250.88%	234.8%	2010-06-27	100

資料來源：悠債網、CMoney 法人投資決策系統

　　近期堪稱「離譜」的例子是昇華（4806），2019年4月7日，距離賣回日不到一個月，昇華一（48061）及昇華二（48062）還分別有2.9億元及0.68億元的餘額待償，總計約3.6億元。

　　在面臨賣回日這麼關鍵的時刻，先不說公司手中有多少現金，光是營收就夠嚇人了，當時昇華3月營收僅100多萬元，2月更只有2萬元，

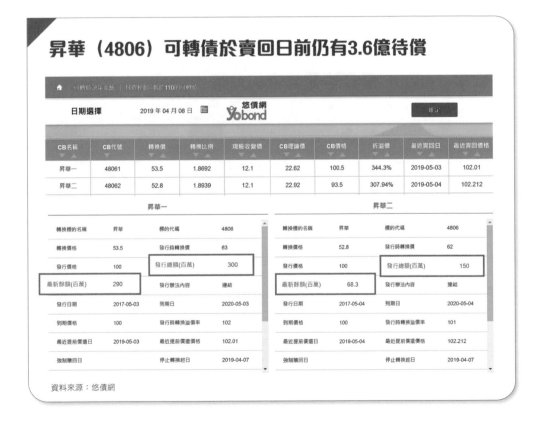

資料來源：悠債網

連年終獎金都發不出來，而截至該年3月，昇華手上現金及約當現金餘額為56.4萬元，並無可用銀行額度，怎麼有可能還得了3.6億元的債款？

在昇華的例子中，處處見到掏空的影子，在此之前就不斷傳出負面新聞，更糟的是，昇華在2018年5月16日股價大幅下跌前，也出現融券單日暴增的跡象，簡直是歌林案的翻版。

昇華（4806）營收差 恐爆違約危機

月別	當月股價						營業收入					合併營業收入				
					漲跌(元)	漲跌(%)	單月			累計		單月			累計	
	開盤	收盤	最高	最低			營收(億)	月增(%)	年增(%)	營收(億)	年增(%)	營收(億)	月增(%)	年增(%)	營收(億)	年增(%)
2020/02	9.53	9.5	10.7	8.9	-0.45	-4.52	0	-91.9	-83.3	0.0004	-99.1	0	-91.9	-83.3	0.0004	-99.1
2020/01	10.05	9.95	10.25	9.41	-0.15	-1.49	0.0004	+436.4	-99.2	0.0004	-99.2	0.0004	+436.4	-99.2	0.0004	-99.2
2019/12	10.5	10.1	11.35	9.44	-0.8	-7.34	-0.0001	-125	-100.2	0.206	-77.9	-0.0001	-125	-100.2	0.206	-77.9
2019/11	10.3	10.9	12.05	9.54	+1	+10.1	0.0004	+46.7	+25.7	0.206	-76.8	0.0004	+46.7	+25.7	0.206	-76.8
2019/10	9.77	9.9	11.3	8.8	-0.95	-8.76	0.0003	-98	-94.6	0.206	-76.8	0.0003	-98	-94.6	0.206	-76.8
2019/09	11.9	10.85	12.7	10.85	-1.15	-9.58	0.0149	+5844	+177.2	0.206	-76.7	0.0149	+5844	+177.2	0.206	-76.7
2019/08	11.8	12	12.8	10.9	0	0	0.0002	-99.7	-94.4	0.191	-78.3	0.0002	-99.7	-94.4	0.191	-78.3
2019/07	12.1	12	12.75	11.1	-0.8	-6.25	0.097	+953.9	+404	0.19	-78.2	0.097	+953.9	+404	0.19	-78.2
2019/06	12.2	12.8	12.8	11.5	+0.3	+2.4	0.0092	-14.4	-80.4	0.0935	-89.1	0.0092	-14.4	-80.4	0.0935	-89.1
2019/05	11.4	12.5	13	11.2	+0.85	+7.3	0.0107	-33.8	-93.8	0.0843	-89.6	0.0107	-33.8	-93.8	0.0843	-89.6
2019/04	9.52	11.65	12.5	9.52	+1.73	+17.44	0.0162	+35.2	+940.4	0.0736	-88.5	0.0162	+35.2	+940.4	0.0736	-88.5
2019/03	13.7	9.92	13.7	9.9	-3.68	-27.06	0.012	+6566.7	-92.8	0.0573	-91.4	0.012	+6566.7	-92.8	0.0573	-91.4
2019/02	13.2	13.6	17	13.15	+0.55	+4.21	0.0002	-99.6	-100	0.0453	-90.4	0.0002	-99.6	-100	0.0453	-90.4
2019/01	13.3	13.05	13.5	11.95	-0.1	-0.76	0.0451	-0.39	+925.9	0.0451	+925.9	0.0451	-0.39	+925.9	0.0451	+925.9
2018/12	12.7	13.15	14.3	11.6	+0.85	+6.91	0.0453	+12848.6	+441.4	0.935	-75.8	0.0453	+12848.6	+441.4	0.935	-75.8
2018/11	13.2	12.3	14.1	12.05	-0.95	-7.17	0.0004	-93.7	-96.2	0.889	-76.9	0.0004	-93.7	-96.2	0.889	-76.9
2018/10	13.15	13.25	14.45	12.1	-0.2	-1.49	0.0056	+3.73	-18.7	0.889	-76.9	0.0056	+3.73	-18.7	0.889	-76.9

在賣回日之前看到這些跡象，尤其是融券異常，又觸動了我的敏感神經，這時我篤定認為，有掏空疑慮加上融券異常，不論無擔保的昇華二價格跌到哪裡、賣回報酬率再高，都不要考慮。

可萬萬想不到的是，在我眼中的地雷，居然如期在賣回日時將可轉

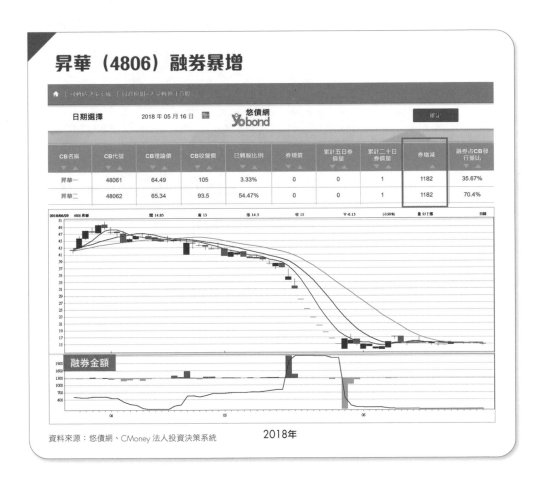

昇華（4806）融券暴增

CB名稱	CB代號	CB理論價	CB收盤價	已轉股比例	券現價	累計五日券償量	累計二十日券償量	券增減	融券占CB發行量比
昇華一	48061	64.49	105	3.33%	0	0	1	1182	35.67%
昇華二	48062	65.34	93.5	54.47%	0	0	1	1182	70.4%

日期選擇　2018 年 05 月 16 日　悠債網 Yobond　確定

融券金額

2018年

資料來源：悠債網、CMoney 法人投資決策系統

債的欠款全部繳清了。

由此我可以感受到昇華公司強烈的求生意志，就如前面所説，一家上市櫃公司除非「不玩了」，無論如何都會把可轉債欠款如期歸還投資人，因為可轉債違約的嚴重性如銀行欠款跳票。從昇華的例子可以看出，即使營收趨近於零、極端缺乏現金流，也不見得會違約，因為對一家上市櫃公司而言，籌資的管道還未用罄前，都有辦法生存下去。

以股抵債 大幅降低還款壓力

可轉債的「轉股」權利，是可轉債不易違約的另一個原因。只要股價大漲，可轉債持有人便有動機轉股，達到出脱可轉債的目的。而轉股會讓可轉債的流通餘額快速下降，消除債務。

也因為轉股功能，許多發行時間長達3到5年的可轉債，可以在發行一年就償還大部分的債務。以康控－KY（49431）及興采一（44331）為例，2019年4月才發行的康控－KY，到了當年12月底，可轉債已經被轉換了96.11%，也就是説15億元的債務已經大幅減少為5,835萬元；相同情況也發生在興采一，2.5億元可轉債被轉換了94.6%，剩下1,350萬元。

轉股比例越高 公司還款壓力越小

CB名稱	CB代號	CB理論價	CB收盤價	已轉股比例	券現值	累計五日券償量	累計二十日券償量	券增減	融券占CB發行量比
康控一KY	49431	156.42	158	96.11%	0	3	106	-25	5.37%
興采一	44331	146.59	148	94.6%	0	2	13	0	0.34%

日期選擇 2019 年 12 月 31 日　悠債網 Yobond

康控一KY

轉換標的名稱	康控-KY	標的代碼	4943
轉換價格	112.2	發行時轉換價	121
發行價格	102.07	發行總額(百萬)	1500
最新餘額(百萬)	58.4	發行辦法內容	連結
發行日期	2019-04-02	到期日	2022-04-02
到期價格	100	發行時轉換溢價率	102
最近提前償還日	2021-04-02	最近提前償還價格	100
強制贖回日		停止轉換起日	2019-07-10

興采一

轉換標的名稱	興采	標的代碼	4433
轉換價格	24.9	發行時轉換價	30
發行價格	100.5	發行總額(百萬)	250
最新餘額(百萬)	13.5	發行辦法內容	連結
發行日期	2019-01-17	到期日	2024-01-17
到期價格	100	發行時轉換溢價率	105.64
最近提前償還日	2022-01-17	最近提前償還價格	100
強制贖回日		停止轉換起日	2019-07-15

資料來源：悠債網

　　這闡釋了「轉股」能有效降低違約率，因為只要本尊股價上漲，投資人不但不會在賣回日要求公司回收可轉債，公司到期償還債務的壓力也將大減。因此，很多人認為公司派在到期前有拉抬股價促轉股的動機。

　　要補充說明的是，雖然我們可以輕易找到符合「快到期拉股價」

的案例，然而以整體比例來說不是非常高，因此我只把這當成一種「現象」而非「定理」。如果讀者有興趣可以繼續研究，發生機率的高低。

寫這個章節的時候，有讀者問我，能否在悠債網加入信用風險指標（TCRI），以供判斷？

我認為，TCRI最大用處是，可當成可轉債競標時出價的參考依據，但可轉債上市之後，TCRI對我的用處就不多了。主要原因是，能成為賣回標的者風險大部分都在TCRI 6以上；若單純做多時，更不用參考TCRI，只須考慮轉換標的上漲的可能性，如台灣大可轉債信評是1，就無法期待股票會有多大漲幅；反而價格波動越大的股票，更適合買進，而它們的可轉債TCRI分數通常不高。以康控一KY來說，一年內漲幅接近100%，但信評只有TCRI 6，如果你是一個積極的投資人，會覺得台灣大比康控的可轉債更有吸引力嗎？

所以本尊能不能上漲才是關鍵，因為只要股價上漲，投資人能賺更多，反倒沒人在意會不會違約了。

Note

第 5 章
改存可轉債
進可攻、退可守

5-1 參與除權息 降低成本、獲利免課稅

前一章說明「可轉債的賣回操作」，撰文時恰逢2020年初新冠肺炎疫情，導致股市暴跌，也正好驗證可轉債賣回操作保底的好處。

我曾在2020年3月4日的專欄文章提到，一般投資人在資產大幅減損時，很難保持理性及平常心。話音剛落，台灣加權指數短時間從11,525點暴跌25%至8,523點，現股的股價腰斬者比比皆是，然而操作可轉債賣回的投資人，卻有截然不同的感受。

可轉債是「進可攻、退可守」的投資商品，以長榮航三（26183）為例，用「賣回價」＝「保底價」的概念來解釋，為何可轉債是我

長榮航三（26183）賣回報酬率

日期選擇　　　2020 年 04 月 06 日 🗓　　　悠債網 Yobond　　　　　　　　　　　送出

CB名稱	CB代號	轉換價	現股收盤價	CB理論價	CB價格	賣回報酬率	賣回年化報酬率	最近賣回日	最近賣回價格
虹揚一KY	65731	56.1	14.35	25.58	97.5	4.63%	12.71%	2020-08-17	102.01
VHQ二KY	48032	127	73.2	57.64	80.45	28.07%	11.12%	2022-10-14	103.03
碩禾二	36912	241.97	82.2	33.97	95.95	8.18%	10.16%	2021-01-25	103.8
大峽谷一KY	52811	81.3	18.8	23.12	97.75	4.36%	9.64%	2020-09-18	102.01
麗清二	33462	33.52	19.45	58.03	92.25	8.4%	9.61%	2021-02-19	100
事欣科二	49162	39	24.5	62.82	82.05	25.57%	9.51%	2022-12-13	103.03
岳豐九	62209	26.8	15.6	58.21	83.3	20.05%	6.98%	2023-02-18	100
長榮航三	26183	13.7	9.02	65.84	96.7	3.41%	6.1%	2020-10-27	100

資料來源：悠債網

眼中「風險與報酬不對等」標的。

　　許多投資人把操作可轉債的重點放在違約率與賣回報酬率，例如受疫情影響最嚴重的長榮航；但我關注的焦點並不在長榮航可轉債的賣回報酬率有多高，因為賣回報酬率只是小菜，真正的大餐在後面。

　　這是什麼意思呢？2020年4月6日，長榮航三賣回年化報酬率已經來到6.1%，乍看之下賣回報酬率並非上圖中最高者，但未來可轉債的漲幅可能遠高於眼前的6.1%。

當時航空業的狀況的確不佳，但我不認為長榮航三在2020年10月的賣回日前，會爆發債務危機。理由非常簡單，因為大部分投資人不會選擇以100元賣回給公司，而會繼續持有，期待股價能超越轉換價，以更高價賣出。

為何投資人會有這個期待？因為長榮航三曾經漲到108.9元的高點，當時僅不到10%的籌碼轉股出脫，意味大部分投資人認同往後還有高點。長期來看，疫情屬於短期影響，且在疫情發生前，長榮航三的價格從未低於103元。

爾後長榮航決議發行長榮航四借新債還舊債，但長榮航四的轉換價低於長榮航三約20%，因此長榮航三大部分可轉債都選擇賣回，出現跟我原本預期不一樣的狀況，就是因為投資人改持有轉換價更低、價格卻差不多的長榮航四。

🔄 賣回報酬率低 不見得賺得少

所以決定是否要賣回時，也必須考慮未來上漲的可能，投資時不一定要選擇賣回報酬率最高者。如2020年3月23日，世紀鋼三（99583）的賣回年化報酬率僅有1.19%，乍看之下毫無吸引力，但

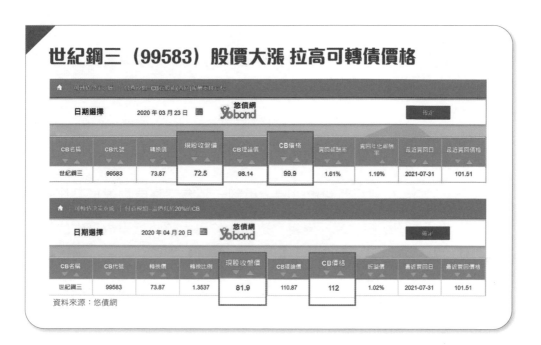

世紀鋼三（99583）股價大漲 拉高可轉債價格

CB名稱	CB代號	轉換價	現股收盤價	CB理論價	CB價格	賣回報酬本	賣回年化報酬率	最近賣回日	最近賣回價格
世紀鋼三	99583	73.87	72.5	98.14	99.9	1.61%	1.19%	2021-07-31	101.51

日期選擇　2020 年 03 月 23 日　悠債網 Yobond

日期選擇　2020 年 04 月 20 日　悠債網 Yobond

CB名稱	CB代號	轉換價	轉換比例	現股收盤價	CB理論價	CB價格	折溢價	最近賣回日	最近賣回價格
世紀鋼三	99583	73.87	1.3537	81.9	110.87	112	1.02%	2021-07-31	101.51

資料來源：悠債網

它的理論價與賣回價相差無幾，股價一旦上漲，可轉債勢必跟漲；即使轉換標的股價下跌，也還有賣回價101.51元的保護傘。不到一個月後的4月20日，世紀鋼三價格已到了112元，報酬率超過10%，換算年化報酬率超過100%（編按：後來長榮航三最高漲到174元，遠超原本預期的6.1%報酬率）。

之前說過可轉債賣回「保底」的操作，現在要介紹「進攻」，也就是現股與可轉債的連動關係及相關應用。尤以「股息穿越轉換價」的

觀念最重要，説明可轉債持有者明明是債權人，已經享有賣回價保底的優勢，為何還能參與除權息。

比存股更安全的投資工具

記得2020年初到紐西蘭泛舟時，租到一輛有完整自動跟車系統的房車，讓我讚不絕口，深深覺得，這個功能可大幅降低事故發生的機率。然而我卻在某汽車論壇上看到，有些網友認為，這類配備反倒會提高意外風險，可能成為車禍的主因。這就像有些網友覺得，懂可轉債沒什麼用，因為可轉債可能違約，增加投資的風險，懂越多越危險，只要專注在股票就好了。

其實工具本身不危險，危險的是使用方式。存股之所以大受歡迎，就是它隱含「買起來放著就賺錢」的概念。可是大多數人不知道，存股虧損的機率，遠高於可轉債違約率，還認為死抱股票是安全的。

「存股」是一種概念，能用在股票，也能用在可轉債。可轉債有賣回價的保障，是更理想的存股工具。

存股的重點在領股利，但是可轉債並無配息或配股，因此大部分人沒想過可轉債與除權息的關係，也從來沒人提出「把可轉債拿來存股」

這個理論。不過,我發明了一個比較容易理解的方式,説明如下。

可轉債投資人可參與除權息?

之前提過,轉換價調整最常見的原因是除權息、增減資、合併等股本變動的因素,例如2016～2019年,台灣大三(30453)總共調整3次轉換價格,都是因為除權息調降轉換價,如下表:

我用較易理解的「成本下降」觀念,來解釋除權息對可轉債的影響。台灣大三在2016年11月22日發行當天的收盤價是100.7元,轉換價116.1元,現股收盤價106元。如果以收盤價買進一張100.7元的可轉債,並且持有至2020年4月22日,經歷3次調降轉換價之後,持有可轉債的成本會是多少呢?為了解釋,我創造了「轉股持有成

台灣大三(30453)除權息調降轉換價

重設起日	調整原因	轉換價	轉換股數
2016/11/22	掛牌	116.1元	861股
2017/7/17	反稀釋	110.3元	906股
2018/7/16	反稀釋	104.7元	955股
2019/7/15	反稀釋	99.9元	1,001股

本」這個名詞,簡單定義為:買進可轉債之後轉股,持有該股的成本。公式為:

轉股持有成本＝買進成本÷最新轉換股數

買進的成本是100.7元,而2016年的轉換比例是0.861,一張可轉債可以換0.861張股票,如果把可轉債轉成股票,2016年的「轉股持有成本」約每股116.9元(100.7÷0.861)。

2017年7月17日,轉換價因為除息由116.1元調降為110.3元,持有可轉債的成本就產生變化。為什麼呢?因為能換得股票的數量變多了,如果這時把可轉債轉成股票,2017年的「轉股持有成本」便是每股111元(2016的年買進價100.7÷0.906)。

2016年台灣大三轉換價與轉換比例

CB名稱	CB代號	轉換價	轉換比例	現股收盤價	CB理論價	CB價格	折溢價	最近賣回日	最近賣回價格
				日期選擇 2016 年 11 月 22 日 悠債網 Yobond				確定	
台灣大三	30453	116.1	0.8613	106	91.3	100.7	10.3%	2019-11-22	100

資料來源:悠債網

2017年台灣大三轉換價與轉換比例

CB名稱	CB代號	轉換價	轉換比例	股收盤價	CB理論價	CB價格	折溢價	最近賣回日	最近賣回價格
台灣大三	30453	110.3	0.9066	108.5	98.37	101.9	3.59%	2019-11-22	100

日期選擇　2017 年 11 月 22 日

資料來源：悠債網

如果一路從2016持有至2019年底，轉換價及轉股持有成本變化如下。

如果從發行當天一直持有到2019年底，經過3年配息並且調降轉換價，轉股持有成本會從原本的116.9元降至100.6元。假如2016年11月22日也同時買進一張台灣大的股票，股價106元，持有成本會

2016～2019年持有台灣大三的成本變化

單位：元

重設起日	調整原因	轉換價	調降	配息	轉換股數	100.7元買進的轉股成本
2016/11/22	掛牌	116.1	0	0	861股	116.9
2017/7/17	反稀釋	110.3	5.8	5.6	906股	111
2018/7/16	反稀釋	104.7	5.6	5.6	955股	105.4
2019/7/15	反稀釋	99.9	4.8	5.55	1,001股	100.6

除息年度	台灣大持有成本	配息	轉換價調降	台灣大三轉股持有成本
		除權息對台灣大持有成本的影響 單位：元		
2016	106	0	0	116.9
2017	100.4	5.6	5.8	111
2018	94.8	5.6	5.6	105.4
2019	89.25	5.55	4.8	100.6

如何變化呢？這3年總共配息16.75元（5.55＋5.6＋5.6），持有股票的成本降為89.25元（106－16.75）。除權息對股票及可轉債持有成本的影響如上表。

如果從持有成本來比較，會發現同一段時間，可轉債轉股持有成本降低了16.3元（116.9－100.6），股票持有成本降低了16.75元（106－89.25），可說相差無幾；但可轉債實際上並沒有分配到股息，因此除了交易手續費，幾乎沒有其他稅額，領取股息卻要課稅，持有部位越大，稅也越多。

上面的例子說明了，若以成本的角度來做考量，可轉債會因為反稀釋條款取得更多股票，債權人即使沒有拿到股利，成本也會降低，只是大部分投資人沒有發現罷了。

5-2 變相領股利 又不用煩惱貼息

上一節的重點在於，調降轉換價後轉股數量變多，即使沒拿到現金股息，因為「轉股持有成本」下降，這些「隱形」的現金，會反映在可轉債的理論價格上。延續上一個例子，台灣大（3045）在2018年7月10日除息5.6元，前一天收盤價111.5元，除息後可轉債轉換價由110.3元下調至104.7元。

💲 除息不會影響可轉債投資人的權益

除息之後，股價變低了，這樣對可轉債持有人公平嗎？台灣大三（30453）除息前一天的可轉債理論價是101.09元，除息後轉換價

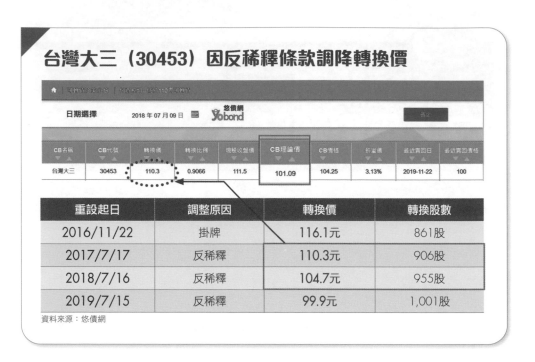

台灣大三（30453）因反稀釋條款調降轉換價

CB名稱	CB代號	轉換價	轉換比例	現股收盤價	CB理論價	CB價格	折溢價	最近賣回日	最近賣回價格
台灣大三	30453	110.3	0.9066	111.5	101.09	104.25	3.13%	2019-11-22	100

日期選擇 2018 年 07 月 09 日　悠債網 Yobond

重設起日	調整原因	轉換價	轉換股數
2016/11/22	掛牌	116.1元	861股
2017/7/17	反稀釋	110.3元	906股
2018/7/16	反稀釋	104.7元	955股
2019/7/15	反稀釋	99.9元	1,001股

資料來源：悠債網

由110.3元下調為104.7元，轉股數量由906股增為955股，因此隔天除息可轉債理論價為101.23元（0.955張×現股平盤價106元），還略高於除息前的理論價101.09元。

因為有反稀釋條款，即使股價因除息下跌，對可轉債持有人權益並沒有影響，整理如次頁表。

如果在除息前一天（2018年7月9日），各買進1張104.25元的可轉債及111.5元的股票，會有什麼差異呢？

除息前	項目	除息後
2018年除息後對台灣大三的影響		
除息前	項目	除息後
110.3元	可轉債轉換價	104.7元
906股	轉換股數	955股
111.5元	現股收盤（平盤）價	105.9元
101.09元	可轉債理論價	101.23元

說明：2018年台灣大發放股利5.6元。

- 持有股票：**股價由111.5元降至105.9元，可以收5.6元的現金股息。**

- 持有可轉債：**轉換價由110.3元降至104.7元，轉股數量多49股。**

可轉債理論價在除權息前後持平，這說明了可轉債調降轉換價，與股票除息拿到現金一樣，對可轉債持有人及股東都是公平的。而除息如果不填息，實際上並沒有賺錢，所以存股要成功，必須建立在股價能填息的基礎上。

那麼填息對可轉債持有人是否有利呢？在本例中，台灣大在2018年7月10日除息後，在2019年3月26日填息，不計稅金及手續費的報酬率大約5%。

接下來觀察當天可轉債與現股的價格。

可轉債理論價從除息前2018年7月9日的101.09元上漲至

台灣大（3045）填息後可轉債價格

CB名稱	CB代號	轉換價	轉換比例	現股收盤價	CB理論價	CB債格	折溢價	最近賣回日	最近賣回價格
台灣大三	30453	104.7	0.9551	111.5	106.49	105.85	-0.6%	2019-11-22	100

日期選擇　2019 年 03 月 26 日　悠債網 Yobond　　確定

資料來源：悠債網

106.49元，價差是5.4元，與股息5.6元差不多，但實際獲利是多少呢？除息前一天買進成本為104.25元，至2019年3月26日的可轉債市價是105.85元，實際獲利金額是1.6元，報酬率只有約1.5%。

💲 理論價、市價、折溢價會影響報酬

　　理論價、市價、折溢價都會影響報酬率。首先是折價因素，台灣大是大型績優股，然而它有一個後天缺點影響了可轉債價格，就是波動小、散戶參與少，因此融資餘額也低，導致融券不足，產生折價。

　　以上述例子來看，如果想增加報酬率，就必須申請轉股，將可

轉債換成股票在市場上賣掉，因為理論價與除息後市價有0.64元（106.49－105.85）的價差，與除息前以104.25元買進的價差為2.24元（106.49－104.25），報酬率約2.2%。

但轉股對投資人不見得有利，首先，因券源不足而無法先行鎖住價差，再來則是轉股需要2～3個工作天，如果期間轉換標的股價下跌，也可能讓報酬率縮減、甚至虧損，而賣出股票又得繳交千分之3的交易稅及手續費。

更重要的是溢價因素，除息前以市價104.25元買進理論價101.09元的可轉債，這時3.13%的溢價也會讓報酬率打折，因為可轉債的轉股持有成本下降，會反映在理論價上，但如果理論價與市價距離過大，效果就越差。

舉個例子，2019年樺漢（6414）除息前一天，樺漢二（64142）轉換價為395.5元，現股收盤價234元，理論價剩下59.16元，除息7元後，轉換價由395.5元調降為383.5元，即使填息，理論價僅從59.16元增加為60.84元。由於理論價遠低於100元，溢價高過60%，此時可轉債價格當然還是維持在賣回價附近，填息效果趨近於零，樺漢二的除息效果整理如下。

樺漢二（64142）填息報酬率

| 日期選擇 | 2019 年 07 月 25 日 | 悠債網 Yobond | | | | | | | 查詢 |

CB名稱	CB代號	轉換價	轉換比例	現股收盤價	CB理論價	CB價格	折溢價	最近賣回日	最近賣回價格
樺漢二	64142	395.5	0.2528	234	59.16	100	69.03%	2021-05-13	100

資料來源：悠債網

樺漢（6414）除息7元對可轉債影響

除息前	項目	除息後
395.5元	可轉債轉換價	383.5元
252股	轉換股數	260股
234元	現股收盤（平盤）價	227元
59.16元	可轉債理論價	59.2元
–	填息後可轉債理論價	60.84元
–	填息後可轉債報酬率	理論價過低，對市價無影響
–	股票填息報酬率	3%

　　相對的，如果想得到填息的好處，必須選擇溢價小、配息又多的標的。最經典的例子是潤隆三（18083），2016年潤隆配發5.01元股息，股票填息報酬率為13.1%，可轉債填息報酬率更高達15.12%，可轉債持有人得到的好處，甚至比股東更多。

2016年潤隆三（18083）填息後報酬率

除息前	項目	除息後
26.8元	可轉債轉換價	23.2元
3,731股	轉換股數	4,310股
38.3元	現股收盤（平盤）價	33.3元
142.9元	可轉債理論價	143.5元
－	填息後可轉債理論價	165.1元
－	填息後可轉債報酬率	15.12%
－	股票填息報酬率	13.1%

因此股利發越多，可轉債溢價越小，填息對可轉債價格影響也越顯著。簡單說就是：股票的股利＝可轉債的價差，填權息＝賺價差。

5-3
穩定發放高股利者
較具投資價值

除權息對可轉債的影響非常大,因為反稀釋條款的關係,可轉債會調降轉換價。因此挑選標的時,除了要考量營收及基本面,也要注意股利發放的多寡。

當預期公司除權息使轉換價連年調降,且往下突破除息參考價,讓原本不具轉換價值的價外(可轉債轉換價>本尊股價)可轉債,轉為價內(可轉債轉換價<本尊股價),我稱此現象為「股息穿越轉換價」。

這個詞是我首創,主要是想要嘗試用口語化的方式,解釋除權息對可轉債的影響,後來被許多人借去使用。

台灣大（3045）股息穿越轉換價			單位：元
年度	除權息參考價	配息	調降後轉換價
2016	－	－	掛牌116.1
2017	107.5	5.6	110.3
2018	106	5.6	104.7
2019	116.5	5.55	99.9

以台灣大可轉債為例，2016年底掛牌後，轉換價116.1元，經過2年除息之後，轉換價於2018年調降為104.7元，已低於除息參考價（除息後第一天的平盤價）106元，轉換價往下突破當天的除息參考價。

💲 穩定配息特性 與存股標的相同

在台灣大的例子中，我做了一個假設：「台灣大每年可以配發5元以上股息並填息」，這個假設有根據，因為2016年發行可轉債之前，台灣大已經連續5年配發超過5元以上的現金股利，雖然轉換價高達116.1元，但在2021年11月22日到期之前，有5次調降轉換價的機會。

　　若以每年5元的速度下降，轉換價有可能從116.1元調降為91.1元（116.1－25）。如果以第5年除息之後轉換價為91.1元，除息參考價106元來計算，台灣大三（30453）的理論價約116元（106÷0.911）；若股價填息到111元，理論價可高達121.8元（111÷0.911）。

　　不過這是一個籠統的假設，即使算現金除息也不一定會等比例調降轉換價，如前例潤隆三（18083）2016年配息5.01元，轉換價調降

資料來源：悠債網

3.6元；2017配息5.07元，轉換價調降2.6元。但大多數的狀況是，配息越多，轉換價調降幅度越大。因此，符合「股息穿越轉換價」條件的標的，通常具有連續穩定發放股利的特性，與存股投資人挑選標的，有異曲同工之妙。

例如存股投資人最愛的標的之一臺企銀（2834），由兆豐金在2015年8月25日發行了以臺企銀為標的的可交換債兆豐金E2（288602）；而臺企銀也同步除權息，發行短短不到一週，轉換價就從9.56元調降為8.91元。

兆豐E2發行期間為3年，最後一次調降轉換價已經逼近除權息參考價，隔年股價不僅填權息，更上漲到10.45元，可轉債價格也大漲到

臺企銀（2834）股息穿越轉換價

單位：元

年度	除權息參考價	配息	調降後轉換價
2015	－	－	掛牌9.56
2015	7.53	股票0.73	8.91
2016	7.93	現金0.1、股票0.5	8.49
2017	8.22	現金0.1、股票0.3	8.24

資料來源：悠債網

127元。以58億元發行量的可轉債來說，算是相當不錯的成績，這是「股息穿越轉換價」帶來的效果。

「**股**息穿越轉換價」有諸多應用，有時甚至穩賺不賠。以聯上二（41132）為例，2012年11月29日聯上收盤價17.6元，可轉債收盤98元，單看賣回報酬率僅有2.13%，似乎缺乏吸引力；若以「股息穿越轉換價」的角度來思考，就會發現實際報酬率可能遠高於2.13%。

怎麼說呢？因為股利發放與可轉債「息息」相關，調降轉換價，等同變相配股配息，因此必須檢視股息對於聯上股價及可轉債的影響。

2012年11月29日，聯上第3季營收已經公告，累計前3季EPS高達3.9元，股價只有17.6元，此時假設公司隔年至少配息2元，以配息2元的公司來說，除權息前夕股價上漲到25元還算在合理範圍；而當

2012年聯上二（41132）賣回報酬率僅2.13%

CB名稱	**CB代號**	**轉換價**	**現股收盤價**	**CB理論價**	**CB價格**	**賣回年化報酬率**	**最近賣回日**	**最近賣回價格**	**機構估稅後EPS(元)**
聯上二	41132	20.6	17.6	85.44	98	2.13%	2015-09-10	103.8	4.02

資料來源：悠債網

股價在25元時，可轉債相對理論價大約在121元，比對當時98元的價格，還有20%的利潤。

果不其然，到了2013年3月底，聯上決議配發2.4元股利後，股價一路走高，除權息前一天的收盤價為27.85元，可轉債理論價已經高達135.2元，較前一年11月底85.44元的理論價高出58%，收盤價也較當時的市價98元高出約36%，達到133.05元。

低於賣回價、高配息的標的勝算高

也就是說，除了預估股息可能讓轉換價下調，還要考慮除權息前股價與可轉債價格的相對位置。在上例中，由於前3季的營收及EPS，

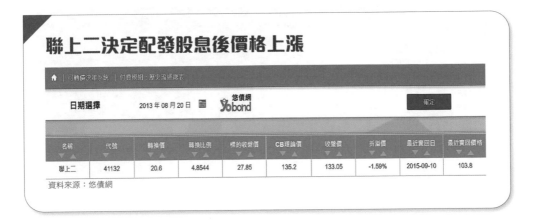

資料來源：悠債網

在當年的12月底前已經公告，買進可轉債時股價仍低於轉換價，但可能因為配發高股息，使股價超越轉換價。

聯上二為何是穩賺不賠的特例呢？因為聯上二低於賣回價，可享有賣回報酬率，又因為轉換標的配發高股息，具有「股息穿越轉換價」的效果，成為「攻守一體」的標的，即使股價不漲，也還有2.13%的「安慰獎」（賣回年化報酬率）。

因此投資人可以將股息視為賣回之外的另一個保障，因為持有低於賣回價且有獲利、高配息之標的，發生違約的機率極低，可說是一邊持盾、一邊進攻。就如我多次強調的，這是穿著救生衣跳入股海，要滅頂很困難，甚至還是一種強迫獲利的高勝算遊戲。

5-5
看錯、犯錯
存可轉債都能保本

為何要以可轉債存股取代股票存股？我的答案非常直接：可轉債「賺賠比」遠遠高於股票：輸只賠一點點，卻可能賺得跟股票一樣多。

任何存股方式遭遇2020年3月的台股大崩盤，都難以倖免，唯獨使用可轉債存股能降低風險。以新光金（2888）為例，它也發行了可轉債新光金四（28885），在2017年8月22日發行後最高價135.8元、最低價99.8元，振幅約36.1%；同期間新光金股價最高12.75元、最低價6.72元，振幅將近5成。

先撇開可轉債折溢價、股票除權息等複雜因素，單看新光金和新光

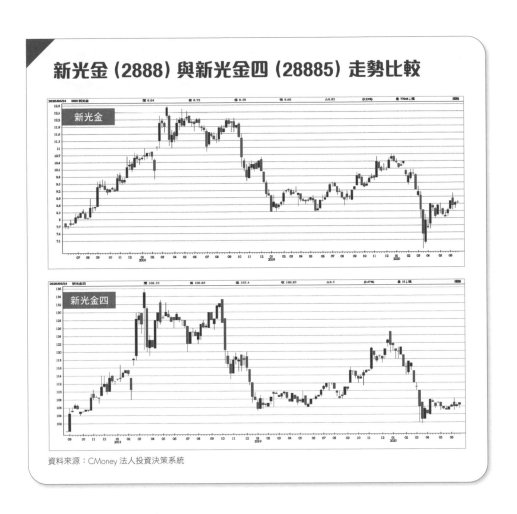

新光金 (2888) 與新光金四 (28885) 走勢比較

資料來源：CMoney 法人投資決策系統

金四價格漲跌幅，即可判斷可轉債波動低於股票，如果你是想避開風

險的存股投資人，一樣都是新光金，怎樣也應該以波動小的可轉債優

先才對吧？

　　新光金四風險低於新光金主要原因在於，新冠疫情造成股市大跌時，新光金股價持續破底，新光金四卻因為有賣回價保障而緩跌；而當新光金漲回至12.75元時，可轉債價格也大漲了36%到135.8元，也就是跟漲不跟跌。

$ 不易受大盤影響 操作風險低

　　以大略（4804）與大略一（48041）為例，大略在2017年6月26日發行後，現股一路暴跌，由55.3元最低跌至6.03元，股價跌了將近90%，而大略一發行首日收盤價99元，最終到期日的價格是100元，期間最多也不過跌了12%來到87.9元。如果當初在發行日買的是大略股票，3年後面對的結局是虧損90%；如果買的是可轉債大略一，則倒賺1%。

　　這個例子告訴我們，買大略的可轉債有犯錯的權利，看錯、甚至不看行情，都有機會獲利，而買大略的股票，就像搭上地獄直達車了。

　　上個章節提到聯上二「穩賺不賠」的特殊現象，有些可轉債不但能變相領高額股息，就算價格下跌，還有賣回報酬率當安慰獎。我認為賣回操作風險極低，且不受大盤波動影響，因為可轉債價格會逐

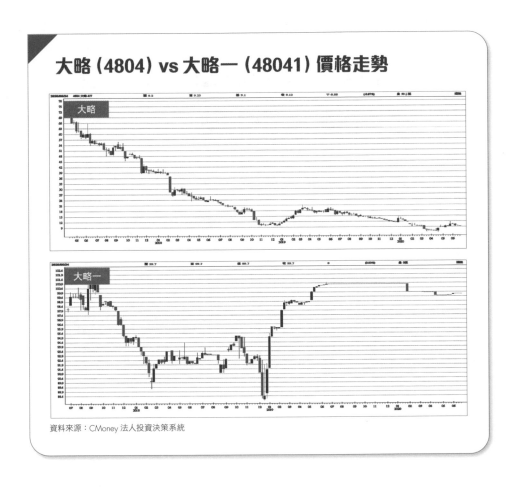

大略（4804）vs 大略一（48041）價格走勢

資料來源：CMoney 法人投資決策系統

漸往賣回價靠攏，跟定存有異曲同工之妙——在固定日期收取固定收益。

而願意接受風險高於定存、低於股票的投資人，會發現可轉債「股息穿越轉換價」選股的邏輯——發放穩定股利、股價波動小且容易填

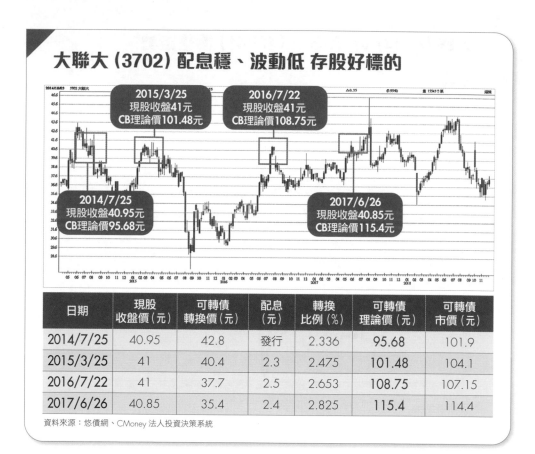

大聯大（3702）配息穩、波動低 存股好標的

日期	現股收盤價(元)	可轉債轉換價(元)	配息(元)	轉換比例(%)	可轉債理論價(元)	可轉債市價(元)
2014/7/25	40.95	42.8	發行	2.336	95.68	101.9
2015/3/25	41	40.4	2.3	2.475	101.48	104.1
2016/7/22	41	37.7	2.5	2.653	108.75	107.15
2017/6/26	40.85	35.4	2.4	2.825	115.4	114.4

資料來源：悠債網、CMoney 法人投資決策系統

息，與存股如出一轍。以大聯大（3702）為例，過去10年公司每年都發放約2.5元股息，股價波動大都落在30～40元，殖利率介於6%～8%，波動小讓保守投資人心安，殖利率也比銀行定存的多，很容易成為存股標的。

大聯大一（37021）歷年基本資料

名稱	代號	轉換價	轉換比例	標的收盤價	CB理論價	收盤價	折溢價	最近賣回日	最近賣回價格
大聯一	37021	42.8	2.3364	40.95	95.68	101.9	6.5%	2017-07-25	100

日期選擇 2014 年 07 月 25 日　悠債網 Yobond　確定

日期選擇 2015 年 03 月 25 日　悠債網 Yobond　確定

名稱	代號	轉換價	轉換比例	標的收盤價	CB理論價	收盤價	折溢價	最近賣回日	最近賣回價格
大聯一	37021	40.4	2.4752	41	101.48	104.1	2.58%	2017-07-25	100

日期選擇 2016 年 07 月 22 日　悠債網 Yobond　確定

名稱	代號	轉換價	轉換比例	標的收盤價	CB理論價	收盤價	折溢價	最近賣回日	最近賣回價格
大聯大一	37021	37.7	2.6525	41	108.75	107.15	-1.47%	2017-07-25	100

日期選擇 2017 年 06 月 26 日　悠債網 Yobond　確定

名稱	代號	轉換價	轉換比例	標的收盤價	CB理論價	收盤價	折溢價	最近賣回日	最近賣回價格
大聯大一	37021	35.4	2.8249	40.85	115.4	114.4	-0.87%	2017-07-25	100

資料來源：悠債網

由於大聯大每年都能配發豐厚的股息，大聯大一（37021）轉換價依據反稀釋條款逐年調降，可轉債的轉股比例從2014年的2.336%，變為2015年的2.475%、2016年的2.653%，以及最後一年的2.825%，雖然大聯大股價每年都觸及41元，大聯大一的理論價

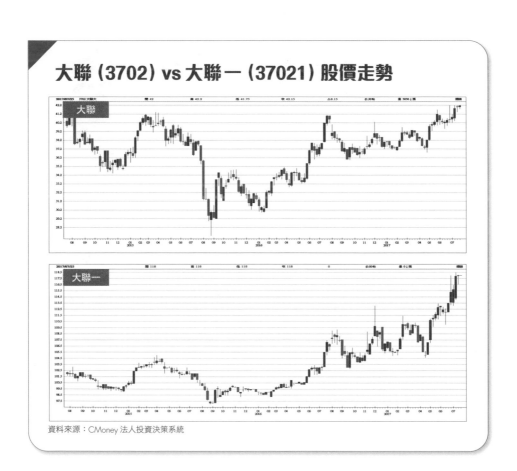

大聯（3702）vs 大聯一（37021）股價走勢

資料來源：CMoney 法人投資決策系統

卻越墊越高。這種每年股價回到相同高點的現象,不就是股價填權息的過程嗎?

　　以悠債網縱向比對2014～2017年大聯大一理論價及市價變化更能看到此趨勢。「大聯大vs大聯大一價格變化對比」這張示意圖,大聯大股價維持水平沒有變化,可轉債價格卻呈現仰角上升,在存股族追求「平穩」的投資理念下,大聯大「波瀾不興」的股價,讓許多人忽略了可以改存可轉債,賺取更大獲利。

💲 存可轉債比存股有保障

　　「可轉債存股法」就是結合「賣回保本」及「變相存股」的投資方式,進可攻、退可守;只要符合高殖利率、低溢價以及高填息機率等條件,就能應用「股息穿越轉換價」的原理,找到好的投資標的。可轉債存股比存個股更保守,獲利卻差不多,也更有保障,還不用被課稅。

　　悠債網的「股息穿越轉換價」模組,就是根據以上邏輯,幫助存股投資人篩選可轉債。以2018年1月3日資料為例(見次頁圖),當天總共有13檔標的,觀察到2020年6月29日所有可轉債價格的變化,其間也因為經歷了疫情大反轉,更有參考價值。

假設在2018年1月3日各買進1張，持有至2020年6月29日，最大漲跌幅及損益統計如次頁表。從表中可以發現，持有這些可轉債至2020年6月29日，從簡單的賺賠比來看，13檔可轉債平均跌幅是-5%，漲幅是19.92%，意味著高低點的賺賠比高達4倍，長期而言贏面非常大。

股息穿越轉換價模組

🏠 | 可轉債決策系統 | 付費模組–股息穿越轉換價模組

日期選擇　　2018 年 01 月 03 日　　悠債網 Yobond　　　　　確定

CB名稱	CB代號	轉換價	現股收盤價	CB價格	折溢價	最近賣回日	最近賣回價格	機構估稅後EPS(元)	CBAS所隱權利金
振樺電二	81142	193.26	137.5	100.5	41.27%	2019-11-08	100	9.63	5.45
全科三	32093	21.6	20.3	101.3	7.79%	2019-10-24	101.506	2.03	--
台灣大三	30453	110.3	108.5	102	3.69%	2019-11-22	100	4.52	4.4
兆豐金E2	288602	8.24	8.4	102.5	0.55%	2018-08-25	100	0.96	3.65
慧洋三KY	26373	29.3	29.4	102.7	2.35%	2019-10-02	101	1.55	11.3
迅欣工四	25354	18	18.35	103.9	1.91%	2020-01-10	100	1.67	10.35
隆大四	55194	11.66	10.8	106.6	15.09%	2020-09-19	100.601	0.8	9.8
隆大三	55193	11.66	10.8	107	15.53%	2020-09-18	101.507	0.8	9.3
艾美特二KY	16262	28.3	25.1	107.5	21.21%	2019-09-30	101.003	3.91	9.05
台光電四	23834	117	104.5	107.5	20.35%	2020-05-16	100	10.67	11.7
台開一	28411	10.08	10.35	107.5	4.69%	2018-08-18	101.507	0.4	7.3
長榮航三	26183	15.5	16.05	107.8	4.1%	2020-10-27	100	1.85	--
華航五	26105	11.64	12.1	109.5	5.34%	2018-12-26	100	1.09	11.45

資料來源：悠債網

如果同時期買的是股票而非可轉債，華航、長榮、艾美特甚至台開，股價都曾腰斬，意味著存股以長期來看，也未必會賺錢。

所以「可轉債存股」是一個結合「看錯賠一點點，看對卻能賺很多」，又可變相參與除權息行情，兼具保本與存股的策略，這些優點是傳統存股完全不能比擬的。

存可轉債最大漲跌幅

名稱	轉換價（元）	股價（元）	可轉債價格（元）	可轉債最高價（元）	可轉債最低價（元）	最大漲幅（%）	最大跌幅（%）
振樺電二	193.26	137.5	100.5	103	91.8	2.5	-8.7
全科三	21.6	20.3	101.3	118.6	94.7	18	-6.5
台灣大三	110.3	108.5	102	116.65	101.7	14.4	-0.3
兆豐金E2	8.24	8.4	102.5	127	102.5	22.9	0
慧洋三KY	29.3	29.4	102.7	124.6	95.5	21.3	-7
達欣工四	18	18.35	103.9	137.8	102	32.6	-1.8
隆大四	11.66	10.8	106.6	153	106.6	43.6	0
隆大三	11.66	10.8	107	152	106.1	42	-0.8
艾美特二KY	28.3	25.1	107.5	125.5	99.7	16.7	-7.3
台光電四	117	104.5	107.5	151	100.4	40.5	-6.6
台開一	10.08	10.35	107.5	108.5	102	0.9	-5.1
長榮航三	15.5	16.05	107.8	109	93.35	1.1	-13.4
華航五	11.64	12.1	109.5	112.2	100	2.5	-8.7
						平均漲幅 19.92	平均跌幅 -5

資料來源：悠債網 統計日期：2018/1/3 ～ 2020/6/29

第 **6** 章

進階獲利心法
認識可轉債選擇權

6-1 抵押可轉債 能借多少錢？

　　有讀者傳了他的對帳單給我看，他在2020年3月股災時，賣了包含台積電（2330）在內的績優股，並將一部分資金轉入可轉債選擇權（CBAS，Convertible Bond Asset Swap），半年獲利超過400%。這個成績讓他自己也十分驚訝，他覺得是「不明不白」地賺了這些錢。近來這種「莫名其妙」賺到大錢的例子，在市場上層出不窮，顯見有越來越多投資人想了解可轉債選擇權。

　　本章將以淺白的方式解釋可轉債選擇權，讓讀者快速理解。首先來談談可轉債選擇權的原理，可轉債選擇權本質上是以融資的方式買進可轉債，這是什麼意思呢？以2020年7月17日可轉債流通

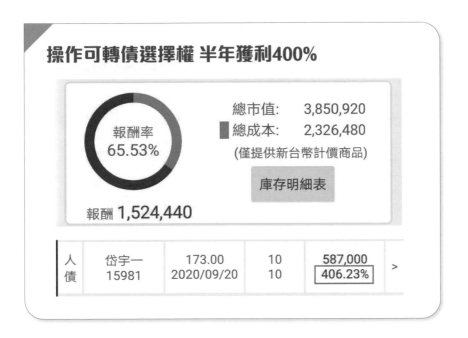

總表為例（見次頁表）。

🔵 拿可轉債借錢 降低持有成本

　　這裡必須反向思考，我們不是要向銀行融資買進可轉債，而是拿可轉債到銀行抵押借款。用一個類似的例子說明，假設你有一間價值1,000萬元的公寓，銀行願意貸你多少錢呢？正常情況下，如果你信用良好，房子地處精華地段商業區，貸到市價的70%應該沒問題，也

2020/7/17可轉債流通總表

可轉債流通總表

搜尋日期		2020 年 07 月 17 日	悠債網 Yobond					
CB名稱	CB代號	轉換價	轉換比例	CB理論價	CB債格	折溢價	最近賣回日	最近賣回債格
其祥二KY	12582	30	3.3333	38.83	93	139.51%	2021-09-10	101.507
上曜三	13163	14.7	6.8027	95.92	109.2	13.84%	2020-11-07	101.003
華友聯一	14361	40	2.5	99.75	114	14.29%	2023-01-17	101.51
名軒三	14423	11.5	8.6957	154.78	150	-3.09%	2020-12-01	100
三洋紡一	14721	29.2	3.4247	45.89	100.55	119.11%	2022-01-30	100
中興電一	15131	27.7	3.6101	103.61	112	8.1%	2023-01-16	100.75
濱川六	15696	23	4.3478	111.09	111	-0.08%	2021-02-27	101.003
永冠二KY	15892	195.1	0.5126	42.49	101.2	138.17%	2020-08-18	102.53

資料來源：悠債網

就是可以向銀行借到約700萬元的資金。

依照這個邏輯，假如持有1張華友聯一（14361），並且拿這張可轉債向銀行抵押借款，銀行會借你多少錢呢？在相信可轉債不會違約的情況下，銀行理論上會借出101.51元（賣回價），因為這張可轉債如果不違約，華友聯公司將在2023年1月17日以101.51元回收此債券，由於這個承諾具法律的保障，銀行借款金額將以可轉債賣回價為主要依據。

如果想提高操作槓桿，降低持有可轉債的持有成本，就可在市場上用市價114元買進1張華友聯一，然後向銀行抵押借款101.51元，實際持有成本就變成：

$$（114-101.51）×1,000＝12,490元$$

由原本需要114,000元變為12,490元，如果重複「買可轉債→抵押借款→買可轉債→抵押借款……」這個循環，原本11.4萬元只能買1張可轉債，會變成可以買進9張，因此槓桿約為8倍。

💲 市價越低 槓桿倍數越大

既然抵押可轉債借了錢，就要支付利息，那麼利息該怎麼算呢？前面章節提到，影響可轉債價格的因素很多，如擔保品及信用評等、賣回條件或轉換標的能否融券、成交量與流動性是否充足等，這些也會連帶影響到借款利率。

以另一檔可轉債艾美特二KY（16262）為例，市價104.9元、賣回價100元，以104.9元買進之後，可以向銀行抵押貸款100元，因此持有1張艾美特二KY的成本就變成：

$$（104.9-100）×1,000＝4,900元$$

原本10.49萬元才能買1張艾美特二,降到4,900元就能買進,透過這個方式可買21張還有剩,此時槓桿就將近20倍了。

上述例子就是可轉債選擇權的原理,從「拿可轉債借錢、以賣回價為借款、支付銀行利息」這3個步驟,就能快速理解可轉債選擇權運作的方式。

從這個操作也能看出,可轉債市價越低、賣回價越高,所需的資金就越少,槓桿倍數也越大。這也是為何我一直強調賣回價,接下來,會以此觀念深入介紹可轉債選擇權。

6-2
以小博大
低成本賺高獲利

上一節以「抵押可轉債借錢」的角度解釋，如何大幅降低持有可轉債的成本。可轉債選擇權就是券商將「散戶借錢買可轉債」的過程簡化，而出現的業務。簡單來說，券商想賺手續費及利息，散戶想賺價差，因此協助散戶借錢買可轉債。

如果你想不透可轉債選擇權的運作方式，可以試著想一下，怎麼說服朋友借你錢和戶頭買可轉債。舉2020年中夯爆的岱宇一（15981）為例，假設我在2020年5月4日借朋友戶頭買進市價107元的岱宇一，我會付他「（市價－賣回價）＋利息＋手續費」的金額，也就是「（107－100）＋利息＋手續費」。

岱宇一（15981）2020/5/4的理論價與收盤價

名稱	代號	轉換價	轉換比例	標的收盤價	CB理論價	收盤價	折溢價	最近賣回日	最近賣回價格
中興電一	15131	27.7	3.6101	24.85	89.71	106.6	18.83%	2023-01-16	100.75
濱川六	15696	23	4.3478	25	108.7	109.9	1.1%	2021-02-27	101.003
岱宇一	15981	38.5	2.5974	38.5	100	107	7%	2020-09-20	100
艾美特二KY	16262	28	3.5714	26	92.86	102.8	10.7%	2020-09-30	100
艾美特三KY	16263	31.7	3.1546	26	82.02	105.4	28.51%	2022-12-04	101.51

資料來源：悠債網

　　為了方便計算，假設協議借款利率為3.65%，借10萬元1年的利息是3,650元，每天利息剛好10元。由於2020年5月4日距離賣回日9月20日還有139天，因此預收利息1,390元，可轉債手續費以千分之1計算為107元（107,000×0.001），所以我實際付出的金額為「（107,000－100,000）＋1,390＋107」＝8,497元。

　　在可轉債不違約的情況下，只會有2種情況：到期前賣出、賣回日以100元讓公司回收。

狀況❶ 到期前賣出

　　假設在2020年8月31日以359元的價格從朋友戶頭賣出岱宇一，

獲利就是「賣出價－買進價－利息－買賣手續費」＝「359,000－107,000－利息－手續費」。而我本來預付了1,390元的利息，但實際產生的利息僅119天（2020年5月4至8月31日），故只要1,190元。而賣出手續費千分之1則是359元，目前可轉債停徵證交稅，因此不須負擔稅金，買賣手續費為466元（359+107）。

岱宇一的總獲利為：359,000－107,000－1,190－466＝250,344元

在這項交易中，我一開始付出的成本僅8,497元，最終獲利250,344元，報酬將近30倍；如果不借錢獲利大約135%，槓桿與否報酬率將有極大差異。

岱宇一2020/8/31的理論價與收盤價

名稱	代號	轉換價	轉換比例	標的收盤價	CB理論價	收盤價	折溢價	最近賣回日	最近賣回價格
其祥二KY	12582	30	3.3333	13.65	45.5	94.3	107.25%	2021-09-10	101.507
華友聯一	14361	37.5	2.6667	36.65	97.73	115	17.67%	2023-01-17	101.51
名軒三	14423	10.9	9.1743	17.25	158.26	153	-3.32%	2020-12-01	100
岱宇一	15981	37.7	2.6525	138.5	367.37	359	-2.28%	2020-09-20	100
岱宇二	15982	89.9	1.1123	138.5	154.05	149	-3.28%	2023-08-24	100

資料來源：悠債網

狀況② 賣回日以100元賣回給公司

假設在賣回日2020年9月20日之前，岱宇股價下跌至低於轉換價37.7元，就把岱宇一放著不管，到期以100元賣回給公司，我的虧損為100%，8,497元。到期後大家銀貨兩訖，賣回價金回到朋友戶頭，就好像租房子，租約到期就得搬家一樣。可轉債的賣回出場機制，讓這個交易得以成立。

「借錢和戶頭買可轉債」的模式，其實就是可轉債選擇權的運作原理：這張可轉債不是我的，但我能決定何時買賣；券商雖然擁有可轉債，但沒經過我同意不能私自賣出。這就好像租了房子，房東如果沒有我的同意，不能隨意入內。

在這個遊戲規則中，券商只賺利息而不負擔價差損益，盈虧由投資人負責。因為券商是可轉債實際持有者，一旦債券到期，券商將可轉債賣回發行公司，錢也會直接回到帳上，券商不用煩惱投資人「欠錢不還」。

因為投資人在交易的過程中只擁有買賣的權利，而非擁有這張可轉債，實際上是以買權的形式進行可轉債選擇權交易，因此支付的金額稱為權利金。接下來會繼續以「向朋友借錢買可轉債」的例子，解釋其他相關概念。

延續上一節「借錢借戶頭買可轉債」的例子，因為朋友的錢始終都在他的戶頭，而且我買進可轉債的時候，已經「預付」利息，就算可轉債價格下跌，在賣回日時，朋友仍可將可轉債賣回給公司，借款直接回到帳戶，可說是萬無一失。但這個交易模式在股價及可轉債價格暴漲的情況下，最容易發生糾紛。

為什麼呢？就如上一小節所説，我只付出8,497元，卻在一個多月之後獲利250,344元，但我是把單子下在朋友的戶頭裡，萬一他不認帳怎麼辦？我在附錄的遭遇就是血淋淋的例子，因此，為了保障借貸雙方的權益，進行可轉債選擇權交易時，必須另行開

戶，無法直接在證券戶交易。

交易可轉債選擇權 必須臨櫃開戶

台灣的前10大券商都有辦理可轉債選擇權交易業務，必須臨櫃開戶，才能進行交易。大部分交易者都會在不同券商多開一些戶頭，因為可轉債選擇權交易的本質就是借錢買可轉債，通常會挑選利率較低者，因此利率的差異是多開幾家券商帳戶的主因。

開戶完成後，每週五收盤後或週一開盤前，都會收到券商的報價單，我的信箱中至少就有富邦、康和、元大、群益及國票等券商的報價單。

券商可轉債

可轉債名稱	可轉債代號	擔保/評等	權利金 百元報價	權利金 （參考價）	期間	折現率
上曜三	13163	元大銀行	−0.65	7.35	0.17	0.9%
華友聯一	14361	第一銀行	0.82	15.82	2.36	0.9%
三洋紡一	14721	合作金庫	1.46	2.06	1.40	0.9%
中興電一	15131	TCRI 5	3.22	62.22	2.36	1.6%
和勤二	15862	合作金庫	2.88	16.38	2.98	0.9%

　　要操作可轉債選擇權，就必須先看懂報價單。第一次看到報價單的讀者肯定眼花撩亂，其實只需要看「權利金百元報價」，即可算出該支付的權利金。

　　上一節提到，要支付給朋友的金額是「（市價－賣回價）＋利息＋手續費」，因為每檔可轉債的賣回價格不一定都是100元，如果每計算一次權利金都要查一次賣回價，不就太麻煩了？因此券商為了方便計價，將利息、手續費、賣回價3個變數整合為一個「權利金百元報價」。

　　舉例來說，三洋紡一（14721）利率（折現率）是0.9%，我撰文時距離賣回日的2022年1月30日還有1.4年，因此需要支付的利息是

報價單

單位：元

可轉債市價	轉換價值	參考履約價	賣回日	賣回價	可轉債轉換價	股票市值
108.0	79.59	100.85	2020/11/7	101.0025	14.7	11.70
115.0	97.73	99.38	2023/1/17	101.5100	37.5	36.65
100.6	41.78	98.74	2022/1/30	100.0000	29.2	12.20
159.0	168.23	96.98	2023/1/16	100.7500	27.7	46.60
113.5	95.65	97.32	2023/8/31	100.0000	46.0	44.00

1.26（0.9％×1.4），得出的金額還沒算手續費，因此「1.26＋手續費」才是百元報價。反推可以得知，券商收取的手續費是報價單上的1.46扣除利息1.26為0.2，也就是每張可轉債選擇權收200元手續費。

有了百元報價表，所需權利金的公式就能簡化為：

> **權利金＝（可轉債市價－100）＋權利金百元報價**

上頁報價單中寄出時，三洋紡一的價格是100.6元，因此透過可轉債選擇權交易買進三洋紡一，須支付的金額就是2.06元（100.6－100＋1.46）。

💲 權利金隨可轉債價格變動

權利金與權利金百元報價兩者最大的差異在於，權利金百元報價不會變動，但權利金卻隨可轉債價格變動。因為權利金百元報價是由賣回價、利息及手續費構成，這些項目都是固定的，而可轉債買進價格卻是未知的。

以三洋紡一來說，你可能買在100.6元，也可能為了快點成交，

用101元買進,這時要支付的總額是:(101－100)＋1.46＝
2.46元;如果漲至200元,就是101.46元(200－100＋1.46)。

不管可轉債價格是100.6或101元,甚至漲到200元,三洋紡
一的百元報價都是1.46元,但支付的權利金會隨著可轉債價格增
減。所以有時會簡稱權利金百元報價為報價,權利金就是要支付的
全額。

6-4
練好基本功
看懂券商報價單

只要知道權利金百元報價，就能算出交易可轉債選擇權需要
支付多少成本。為了快速讓大家熟悉報價單，以下比較不
同券商和不同日期的報價單。

244頁範例1當中，先比較上、下（A、B）兩家券商的報價單，有什
麼不同？

差異❶ 用語不同

儘管使用的詞彙有些差異，但大致可以理解欄位的意義，如貸款
利率在A券商稱為「折現率」，在B券商則為「履約利率」，都代表
借錢買可轉債的利率。距離賣回日的剩餘日期A券商是用「期間」表

示，B券商則是以「天期（年）」表示，只要知道利息是由利率與持有天數構成，自然不會混淆。

差異② 承做檔數不同

B券商有名軒三（14423）的報價，A券商則無，可能是因為A券商考量距離賣回日只剩不到2個月，不願承做貸款日期過短標的，因為只賺2個月的利息，還要行政處理費。

此外，券商如果覺得風險過高，也不會報價。各家銀行在審核房貸時，就算是同一個路段、同一間房屋，也會有不同的貸款成數及利率。同理，有些券商為了避免風險，只要TCRI大於6就不會報價。

不過這些報價單都僅供參考，券商有最終決定權，判斷要不要承做你的業務，也就是可能有報價，但實際上無法買入。最保險的方式是，下單之前先跟營業員確認是否可以買進。

差異③ 到期日不同

這2張報價單最突兀的是上曜三（13163）的報價，A券商的報價是－0.65，B券商卻是1.21，最主要的原因是到期日不同。報價為何會出現負值？這是因為賣回價大於100元所造成，這部分會另闢章節詳述。

這裡請注意，可轉債選擇權的到期日就是可轉債的賣回日，而不是到期日，對於有賣回權的可轉債來說，「預收」的利息會因此降低，A券商預收的利息只到賣回日2020年11月7日，而不是到期日2021年11月7日。因此，投資人必須在2020年11月7日決定要不要「續約」，補足2020年11月7日到2021年11月7日這段期間的利息。

範例1：不同券商

	可轉債名稱	可轉債代號	擔保/評等	權利金百元報價	權利金（參考價）	期間
A券商	上曜三	13163	元大銀行	-0.65	7.35	0.17
	華友聯一	14361	第一銀行	0.82	15.82	2.36
	三洋紡一	14721	合作金庫	1.46	2.06	1.40
	中興電一	15131	TCRI 5	3.22	62.22	2.36
	和勤二	15862	合作金庫	2.88	16.38	2.98

	可轉債名稱	可轉債代碼	權利金（百元報價）	權利金（市價）	天期（年）	履約利率（%）	標的股價
B券商	上曜三	13163	1.21	9.21	1.13	0.9	11.7
	華友聯一	14361	0.78	15.78	2.32	0.9	36.65
	名軒三	14423	0.37	63.37	0.19	0.9	18
	三洋紡一	14721	1.42	2.02	1.36	0.9	12.2
	中興電一	15131	3.18	62.18	2.32	1.6	46.6
	和勤二	15862	2.84	16.34	2.94	0.9	44

　　而B券商採取了與A券商不一樣的做法，B券商直接跳過2020年11月7日的賣回，利息預收到2021年10月24日，這是為了避免客戶續約的麻煩。因為曾經發生過客戶沒有續約，公司只寄信提醒，投資人沒注意到，而讓權利金歸零的情況。

　　除此之外，B券商的報價都比A券商便宜0.04元，是因為可轉債選

一天的報價單

單位：元

折現率	可轉債市價	轉換價值	參考履約價	賣回日
0.9%	108.0	79.59	100.85	2020/11/7
0.9%	115.0	97.73	99.38	2023/1/17
0.9%	100.6	41.78	98.74	2022/1/30
1.6%	159.0	166.23	96.98	2023/1/16
0.9%	113.5	95.65	97.32	2023/8/31

轉換股價	可轉債市價	轉換價值	折溢價率	到期日	賣回價格
14.7	108.0	79.59	35.69%	2021/10/24	100.0
37.5	115.0	97.73	17.67%	2023/1/3	101.51
10.9	163.0	165.14	-1.29%	2020/11/17	100.0
29.2	100.6	41.78	140.78%	2022/1/16	100.0
27.7	159.0	168.23	-5.49%	2023/1/2	100.75
46	113.5	95.65	18.66%	2023/8/17	100.0

擇權到期日不同,以和勤二(15862)來說,A券商的報價是2.88

元,可轉債選擇權的到期日是2023年8月31日,B券商的報價是2.84

元,可轉債選擇權的到期日是2023年8月17日,相差大約2週。B券

商之所以提早2週到期,是因應賣回作業而設定緩衝時間。

差異❹ 權利金與借款利率不同

從下表可以看出,A券商與第3間券商C的報價單上,華友聯一

不同券商

	可轉債名稱	可轉債代號	擔保/評等	權利金 百元報價	權利金 (參考價)	期間
A券商	上曜三	13163	元大銀行	-0.65	7.35	0.17
	華友聯一	14361	第一銀行	0.82	15.82	2.36
	三洋紡一	14721	合作金庫	1.46	2.06	1.40
	中興電一	15131	TCRI 5	3.22	62.22	2.36
	和勤二	15862	合作金庫	2.88	16.38	2.98

	名稱	代號	擔保	TCRI	百元報價	賣回日	年期	賣回價
C券商	上曜三	13163	有/元大商銀	8	-0.56%	2020/11/7	0.17	101.0025
	華友聯一	14361	有/第一商銀	8	1.16%	2023/1/17	2.36	101.5100
	名軒三	14423	有/台灣銀行	7	0.51%	2020/12/1	0.23	100.0000
	三洋紡一	14721	有/合作金庫	9	1.56%	2022/1/30	1.40	100.0000
	中興電一	15131	無	5	3.33%	2023/1/16	2.36	100.7500

（14361）的利率不同，導致了百元報價的差異，A券商報價為0.82元，C券商報價則為1.16元，且到期日皆為2023年1月17日，若在C券商以可轉債選擇權交易一張華友聯一，成本將會多出0.34元，也就是每張多340元，如果買進張數越多，交易成本就越高。

範例1是比較不同券商的報價單，範例2（見次頁表）則是比較同券商、但日期不同的報價單。

不同利率

單位：元

折現率	可轉債市價	轉換價值	參考履約價	賣回日
0.9%	108.0	79.59	100.85	2020/11/7
0.9%	115.0	97.73	99.38	2023/1/17
0.9%	100.6	41.78	98.74	2022/1/30
1.6%	159.0	166.23	96.98	2023/1/16
0.9%	113.5	95.65	97.32	2023/8/31

轉換價	折現率	轉換價值	可轉債市值	溢折價	參考單價	餘額
14.7	0.9%	80.27%	107.50	34%	6,940	91%
37.5	1.0%	97.73%	115.00	18%	16,160	100%
10.9	0.9%	158.72%	157.00	-1%	57,510	73%
29.2	0.9%	41.10%	100.60	145%	2,160	96%
27.7	1.6%	162.09%	149.15	-8%	52,480	98%

範例2：相同券商、不同天的報價單

單位：元

2020/9/7

可轉債名稱	可轉債代號	擔保/評等	權利金百元報價	權利金（參考價）	期間	折現率
上曜三	13163	元大銀行	-0.65	7.35	0.17	0.9%
華友聯一	14361	第一銀行	0.82	15.82	2.36	0.9%
三洋紡一	14721	合作金庫	1.46	2.06	1.40	0.9%
中興電一	15131	TCRI 5	3.22	62.22	2.36	1.6%
和勤二	15862	合作金庫	2.88	16.38	2.98	0.9%
岱宇二	15982	永豐銀行	2.87	56.87	2.96	0.9%

2020/8/31

可轉債名稱	可轉債代號	擔保/評等	權利金百元報價	權利金（參考價）	期間	折現率
上曜三	13163	元大銀行	-0.63	7.47	0.19	0.9%
華友聯一	14361	第一銀行	0.83	16.83	2.38	0.9%
三洋紡一	14721	合作金庫	1.47	1.97	1.42	0.9%
中興電一	15131	TCRI 5	3.25	26.25	2.38	1.6%
岱宇二	15982	永豐銀行	2.88	46.98	2.98	0.9%

差異❶ 發行檔數有變化

2020年9月7日新增了和勤二（15862）的報價，這是因為和勤二在2020年8月31日發行，受限發行前5個交易日不可承做可轉債選擇權業務的規定，因此2020年8月31日的報價單並無報價。這也是券

商至少每週都必須寄出一次報價單的主因，必須新增剛發行的可轉債，剔除已經到期的可轉債。

差異② 報價與權利金降低

百元報價是由利率與剩餘期間決定，因此在正常的情況下，2020年9月7日的報價會低於2020年8月31日，因為剩餘期間又少了7天，利息負擔降低。所以百元報價金額都比一週前少了0.01到0.03，利率越高，降低的幅度與金額也越顯著。

讀者只要知道權利金就是利息的總和，牢記權利金的計算公式為：（市價－100）＋權利金百元報價。下一章會深入探討影響權利金價格的關鍵因素。

第 **7** 章

可轉債選擇權
槓桿操作守則

7-1

風險越高
支付的權利金越多

上一章介紹了可轉債選擇權（CBAS）的基本特性、權利金百元報價及權利金的計算公式，接下來就要深入探討，影響可轉債選擇權價格的關鍵因素。介紹可轉債選擇權報價單的時候，重心放在解釋權利金百元報價及權利金公式，但影響權利金的因素相當多，並非可轉債價格越高，權利金就越高。

從次頁圖悠債網2017年10月16日的「低權利金排行榜」可以看出，慧洋二KY（26372）的收盤價是105.7元，買進1張可轉債選擇權要8.25元；然而德宏八（54758）的收盤價是106元，承做可轉債選擇權僅2.9元，低價者的權利金卻多了近2倍。

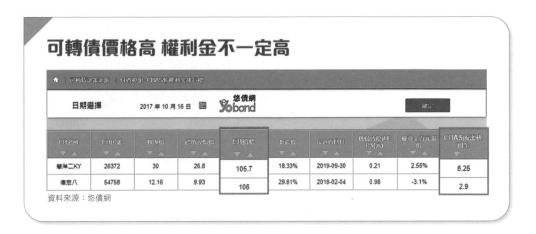

可轉債價格高 權利金不一定高

CB名稱	CB代碼	轉換價	理論收盤價	CB價格	折溢價	賣回日期	轉債每股EPS(元)	權利金占元溢價值	CBAS應給權利金
慧洋二KY	26372	30	26.8	105.7	18.33%	2019-09-30	0.21	2.55%	8.25
德宏八	54758	12.16	9.93	106	29.81%	2018-02-04	0.98	-3.1%	2.9

日期選擇　2017 年 10 月 16 日　悠債網 Yobond　確勾

資料來源：悠債網

2檔價格差不多的可轉債，當價格上漲至110元左右時，德宏八因為權利金僅有2.9元，在不考慮稅負及手續費的情況下，獲利是138，慧洋二則為52%，德宏的獲利幾乎是慧洋的3倍，而價格上漲越多，差距會越明顯（見下表）。

權利金越低 報酬率越高

宏德八106元 權利金2.9元的獲利率	可轉債價格	慧洋二105.7元 權利金8.25元的獲利率
（110－106）÷2.9＝138%	110元	（110－105.7）÷8.25＝52%
（120－106）÷2.9＝482%	120元	（120－105.7）÷8.25＝173%
（130－106）÷2.9＝827%	130元	（130－105.7）÷8.25＝294%
（140－106）÷2.9＝1,172%	140元	（140－105.7）÷8.25＝415%
（150－106）÷2.9＝1,517%	150元	（150－105.7）÷8.25＝536%

顯然權利金百元報價對報酬率影響極大，德宏八的百元報價為－3.1%，慧洋二則為2.55%，一來一往，價差有5.65元（註）。如果資金只有1份，而同時看好這2檔，當然選報酬率高的。

也因此，我在2020年4月，把原先買入的國光一（41421）與國光二（41422）可轉債選擇權換成醣聯二（41682），這2家公司皆為生技醫療類股，在看好度相同的情況下，同樣是買可轉債選擇權，買1張國光幾乎能買9張醣聯，而當可轉債價格上漲10元，醣聯能賺超過100%（10÷9.57），國光二則僅約12%（10÷83.27）。

國光生換醣聯 賺更高報酬率

▲	可轉債投資第5版	付費模組 CBAS臥權到金排行榜							

日期選擇		2020 年 05 月 08 日		悠債網 Yobond				確認	

CB名稱	CB代號	轉換價	標的收盤價	CB價格	折溢價	最近賣回日	槓桿估視稅E PS(元)	權利金百元報價	CBAS所需權利金
醣聯二	41682	19	18.8	107.45	8.59%	2022-02-18	-3	2.12%	9.57
國光生二	41422	21.62	41.7	185	-4.09%	2021-10-20	0.26	-1.73%	83.27
國光生一	41421	21.62	41.7	186	-3.57%	2021-10-20	0.26	-1.73%	84.27

資料來源：悠債網

　　權利金由百元報價構成，百元報價又受諸多因素影響，而其中最關鍵的因素是，為何百元報價會出現負數？為了解釋這個現象，我在前面章節不斷灌輸讀者「賣回價保底」的概念，而不以「至少100元保底」來介紹可轉債，因為容易讓新手誤以為可轉債的賣回價都是100元。上述例子中，國光和德宏都出現負數報價，因此根據權利金公式來計算：

> ## 可轉債選擇權權利金＝
> ## （市價－100）＋權利金百元報價

　　德宏八可轉債選擇權權利金為2.9元（106－100－3.1），因此以可轉債選擇權方式承做一張德宏八僅需2,900元，而導致權利金百元報價為負數的主因是賣回價高於100元（詳見章節7-3）。其中德宏八賣回價103.797元，國光一與國光二賣回價皆為103.807元，都會反映在百元報價上。

註：權利金是利息的概念，因此「權利金百元報價」的單位是「％」，但口語及實際使用上單位是「元」。簡單來講，假設銀行貸款利率是2%，借100元年息就是2元，可轉債是以票面金額100元計算百元報價，故慧洋二的百元報價2.55%，即代表2.55元。

$ 有無擔保 影響券商承做選擇權意願

延續「向朋友借錢買可轉債」的例子,如果你要向朋友借錢和戶頭買歌林、樂陞及揚華可轉債(後來皆違約),他願意借你嗎?由於可轉債選擇權交易是建立在「可轉債不會違約」的大前提上,所以你的朋友只會借錢讓你買風險較低的可轉債。就如前面章節提到的,有無擔保及信用評等會大大影響「朋友承做可轉債選擇權」的意願。

以2020年9月27日元大可轉債選擇權報價單為例,有擔保可轉債報價為62檔,無擔保可轉債為50檔,總計112檔當中,有擔保的可轉債占了55%。這說明了,券商對於無擔保的可轉債,承做可轉債選擇權的心態是保守的,沒有報價,就無法承做可轉債選擇權。

所以券商是否承做可轉債選擇權的基本原則為:可轉債有一定額度的擔保,無擔保者,則仰賴TCRI等信評。但在什麼情況下,券商也不接受有擔保的可轉債呢?例如全額交割股、財報不實或客觀上具有重大風險的公司,券商就不會冒險承做可轉債選擇權。

$ 風險越高 所需權利金就越高

風險最直接的影響是利率高低,以常理來思考就能明白,利率就是

風險貼水（Risk Premium，指投資者承擔風險而要求較高報酬率，彌補對高風險的承受），信評越好、風險貼水當然越低；反之，TCRI分數越不理想、信評不佳的公司，券商當然要求更高的風險貼水。

在有擔保的62檔有報價可轉債選擇權當中，統計出來平均年利率為0.96%，這裡要注意，即使是有擔保的可轉債，還是存在TCRI信評，而信評高低已經不是重點，有擔保的可轉債皆為低利率。無擔保可轉債則依照TCRI高低進行分類，TCRI評分不佳、風險越高者，所需權利金就越高。

風險不但會影響承做額度及貸款利率，也直接影響所需支付的可轉債選擇權權利金。如2020年9月27日元大提供的可轉債選擇權報價單中，無擔保的永冠三（15893）年利率高達4.5%，因此百元報價拉高到驚人的12.25%，也就是説，即使可轉債市價僅有100元，也得支付每張12.25元的可轉債選擇權權利金。若持有1年皆無行情，每張可轉債選擇權每年就得損失4,500元的利息費用。所以風險高低不但會影響可轉債選擇權權利金多寡，信評不佳者，券商甚至不會承做可轉債選擇權。

7-2
4種情況
券商不承做可轉債選擇權

　　上一節提到風險對權利金的影響，如同不具轉換功能的一般債券，風險始終是決定價格與利率的關鍵因素。風險影響信評，信評影響可轉債選擇權額度，如果沒有額度，可轉債的需求會降低，進而壓低價格，造成惡性循環。以下進一步說明因風險造成無法承做可轉債選擇權的情況，包含信評不佳、風險過高，以及額度用罄、發行前5天、可轉債價格過低等因素。

情況❶ 額度用罄

　　從次頁報價單的「承做限制」欄位可以看出，只要是有擔保可轉債幾乎都是「無限制」，無擔保可轉債則標註「確認額度」。這是因為

2020/9/7元大報價單

可轉債名稱	代號	擔保	TCRI	百元報價	賣回日	年期	賣回價（元）	市價（元）	承做限制
上曜三	13163	有元大商業銀行	8	-0.56%	2020/11/07	0.17	101	107.50	無限制
華友聯一	14361	有第一商業銀行	8	1.16%	2023/01/17	2.36	101.51	115	無限制
名軒三	14423	有台灣銀行	7	0.51%	2020/12/01	0.23	100	157	無限制
三洋紡一	14721	有合作金庫商業銀行	9	1.56%	2022/01/30	1.40	100	100.60	無限制
中興電一	15131	無	5	3.33%	2023/01/16	2.36	100.75	149.15	確認額度
和勤二	15862	有合作金庫商業銀行	8	2.99%	2023/08/31	2.98	100	112.80	無限制
永冠三KY	15893	無	6	12.25%	2023/09/03	2.99	101.51	109.20	確認額度
岱宇二	15982	有永豐商業銀行	6	2.97%	2023/08/24	2.96	100	152	無限制

說明：賣回價四捨五入至小數點第2位。

有擔保可轉債發行時提供了擔保品，因此券商不怕違約；而無擔保可轉債的「確認額度」是什麼意思呢？

前面說過，可轉債選擇權交易是「融資買進可轉債」，也就是「借錢買可轉債」，好比銀行在承做房貸時會進行「總量管制」，同樣

的，進行可轉債選擇權交易時，也會要求同一家券商避免重押某一檔可轉債，否則該檔如果違約，將對券商帶來極大風險。

以中興電一（15131）為例，公司發行15億元的可轉債，可轉債選擇權的最大承做數量應該是15,000張，但它是TCRI 5的無擔保可轉債，可能面臨違約風險，萬一元大證券有1,000個客戶都買了15張可轉債選擇權，就相當於貸款15億元給這些客戶，將面臨放貸過度集中的風險。

為了避免這種情況，銀行可能對中興電一的貸款進行總量管制，例如總額最多不超過3億元、也就是3,000張可轉債選擇權，超過就無法承做。

情況❷ 可轉債價格過低

可轉債選擇權權利金公式為：（可轉債市價－100）＋權利金百元報價，因此當可轉債價格過低時，權利金有可能出現負數。例如長榮航（2618）在2020年3月大崩盤時，可轉債最低曾跌到93.35元，此時的權利金報價為負數，從次頁圖低價權利金排行榜可以看到長榮航三（26183）、樺漢三（64143）及台半五（54255）的權利金都因為可轉債價格過低變成負數，絕大部分券商不會承做可轉債選擇權，不過少數券商則會以每張100元承做。

權利金為負數的可轉債

日期選擇	2020 年 03 月 19 日 📅	悠債網 Yobond							確認

CB名稱	CB代號	轉換價	標的收盤價	CB債格	折溢價	最近票回日	機構估視近E PS(元)	權利金百元報價	CBAS所需權利金
長榮航三	26183	13.7	7.7	97.5	73.49%	2020-10-27	0.2	1.7%	-0.8
台半五	54255	57.2	26.55	99.5	114.35%	2021-03-02	3.04	-0.15%	-0.65
樺漢三	64143	259.6	129	96	93.2%	2022-02-26	15.71	3.65%	-0.35

資料來源：悠債網

情況❸ 發行前5天

　　這是主管機關為了避免內部人在詢價圈購時使用人頭認購可轉債，然後在可轉債上市第1天使用可轉債選擇權對敲至特定人手中，這也造成可轉債上市第6天通常會爆量的奇特現象。

情況❹ 信評改變

　　要特別注意的是，TCRI會隨著風險改變，例如長榮航因為疫情導致公司營運惡化，TCRI由6變成7，許多券商因而取消報價，影響相當大。

7-3 賣回價大於100 百元報價為負數

影響可轉債選擇權價格的關鍵因素，最容易被忽略的是「賣回價格」，但它對權利金的影響相當顯著。原因就在於，賣回價格將決定銀行出借金額的多寡。

賣回價格是投資可轉債與股票最大的差異之一，因為銀行貸款的金額是以賣回價格為基準，2檔市價相同、條件接近的可轉債，賣回價格越高，所需要的權利金就越低。以下用2015年8月24日信邦五（30235）及大豐一（61841）的可轉債選擇權報價為例說明。

當天2檔可轉債選擇權的折現率（利率）及到期日都非常接近，所需利率分別是1.7%及1.9%，賣回日僅差距1個月，當天信邦五

信邦五（30235）與大豐一（61841）報價

名稱	代號	轉換價	標的收盤價	CB理論價	收盤價	折溢價	最近賣回日	最近賣回價格	CBAS所需權利金
信邦五	30235	44.5	46.5	104.49	109.1	4.41%	2016-06-23	102.01	8.85
大豐一	61841	52.62	50.7	96.35	107	11.05%	2016-05-17	105.81	2.95

資料來源：悠債網

單位：元

可轉債名稱	代號	擔保	TCRI	百元報價	賣回日	年期	賣回價	轉換價	折現率
信邦五	30235	無	4	–0.3%	2016/6/23	0.83	102.01	44.50	1.7%
大豐一	61841	無	–	–4.1%	2016/5/17	0.73	105.81	52.62	1.9%

日期選擇　2015 年 08 月 24 日　悠債網 Yobond　綁定

的收盤價是109.1元，比大豐一的收盤價107元高出2.1元，權利金卻多了5.9元。這2檔可轉債的條件相差無幾，權利金卻有非常大的差異，主因在於大豐一賣回價高達105.81元，信邦五的賣回價為102.01元，兩檔可轉債的差距為3.8元。

💲 賣回價超過100元 百元報價可能為負

接著看當天的報價單，以賣回價格由高到低排序，會發現賣回價格

權利金越低 報酬率越高

單位：元

可轉債名稱	代號	擔保	TCRI	百元報價	賣回日	年期	賣回價	轉換價	折現率
成霖二	99342	無	5	0.0%	2017/10/20	2.16	110.000	17.10	4.5%
元山三	62753	工銀	8	-7.2%	2015/10/29	0.18	107.728	20.20	1.2%
潤隆一	18081	土銀	8	-6.9%	2016/1/14	0.39	107.720	23.08	1.3%
達麗四	61774	土銀	7	-5.7%	2016/8/23	1.00	107.190	22.37	1.2%

越高者，百元報價很容易出現負值。

這是為什麼呢？前面章節提到，券商為了簡化，將「利息、手續費、賣回價」3個變數整合為1個「百元報價」，因此「百元報價」實際上是由賣回價高出100元的部分、利息與手續費組合而成。

在元山三（62753）例子當中，每年利率1.2%，距離到期僅有0.18年，因此支付利息為0.216（1.2×0.18），手續費以0.3計算，兩者合計為0.516；然而賣回價高達107.728，因此0.516扣除賣回價高出100的部分，也就是7.728，就得到-7.212，接近上表的百元報價-7.2%。

這裡得出一個結論，只有賣回價格高於100元時，百元報價才可能是負數；反過來說，只要百元報價大於0，代表賣回價小於100元，此時只要利息與手續費總和低於賣回價減去100，就會產生負數。

7-4 剩餘年期 會影響投資成本

前　面提到，賣回價對權利金百元報價影響甚巨，而賣回日及剩餘期間的影響也不小。

可轉債發行時可以設定無賣回日，或一個以上的賣回日，而可轉債選擇權到期日是以賣回日為基準，而非到期日，因此有無賣回會影響權利金的多寡。比較2020年9月發行的2檔有擔保可轉債佳穎一（33101）與晟德四（41234），雖然都是2025年9月到期，但晟德四發行滿3年有一次的賣回，佳穎一在2025年9月之前都沒有賣回。在其他條件幾近相同的情況下，佳穎一的權利金百元報價比晟德四貴了1倍有餘。

賣回日影響權利金百元報價

單位：元

名稱	代號	擔保	TCRI	百元報價	賣回日	年期	賣回價	轉換價	折現率
佳穎一	33101	有，彰化商業銀行	7	4.81%	2025/9/18	4.78	100.7523	28.41	1.1%
晟德四	41234	有，上海商業儲蓄銀行	6	2.03%	2023/9/7	2.75	100.7500	91.00	0.9%

另外，越接近賣回日，可轉債風險越低，所以有可能調降利率，剩餘期間較長的可轉債，利率會比較高。以下5檔可轉債的賣回日期落在2021年到2025年，且都是有擔保的可轉債，折現率卻是從0.8%到1.1%，就能看出賣回日對利率的影響。

距離賣回日越久 利率越高

單位：元

名稱	代號	擔保	TCRI	百元報價	賣回日	年期	賣回價	轉換價	折現率
佳穎一	33101	有，彰化商業銀行	7	4.81%	2025/9/18	4.78	100.7523	28.41	1.1%
台船一	22081	有，彰化商業銀行股份有限公司	7	1.51%	2024/2/24	3.22	102.0151	25.10	1.0%
新洲二	31712	有，第一商業銀行(股)公司	7	2.87%	2023/10/15	2.85	100	22.10	0.9%
興富發五	25425	有，合作金庫商業銀行等9家銀行	7	-4.91%	2022/6/8	1.50	106.4082	37.50	0.8%
陽明五	26095	有，臺灣銀行等	7	0.68%	2021/5/29	0.47	100	10.40	0.8%

接近賣回日 會有兩個報價

因為選擇權的到期日是可轉債的賣回日，而非可轉債的到期日，所以接近賣回日時，就必須決定要不要續約。在2019年4月22日的報價單當中（如下表），晶華二（27072）可轉債出現2個報價，這是因當時很接近它的賣回日2019年6月16日。如果只想短期持有賺價差，可以選擇百元報價較低的0.5%，2019年6月16日到期；若想長期持有，就選擇百元報價較高的2.9%，也就是一次支付2019到2021年的利息，到期日則為2021年6月16日。

備註欄位中的「Next Put」，指的就是「下一次的賣回」。這有什麼差異呢？如果先買便宜的，續約時必須再支付一次手續費，所以如果確定自己2個月之內不會出脫可轉債選擇權，就必須選擇「Next Put」，也就是2021年6月16日到期的合約。

長短期持有 百元報價選擇不同

單位：元

2019/4/22

名稱	代號	擔保	TCRI	百元報價	賣回日	年期	賣回價	轉換價	折現率	可轉債市價	承作限制	備註
晶華二	27072	無	4	0.5%	2019/6/16	0.15	100	178.6	1.2%	101.3	無限制	–
晶華二	27072	無	4	2.9%	2021/6/16	2.15	100	178.6	1.2%	101.3	無限制	Next Put

7-5
運用履約價
算出真實獲利

買進可轉債選擇權時,可根據公式快速算出權利金,但可轉債選擇權持有的成本會隨著時間而增加,很難直接看出賣出時可以拿回多少錢,獲利又是多少。此時,就必須以當天的履約價(bond floor)算出實際獲利。

履約價其實是持有成本及債權折現的概念,可以從每日的庫存對帳單觀察履約價的變化。以下為20張的展旺一(41671)可轉債選擇權在2020年3月13日及2020年5月29日的庫存資料。

展旺一在2020年3月13日買進的履約價是101.28元,而履約價會隨著時間推移而增加,到了賣出的前一天(2020年5月29日),

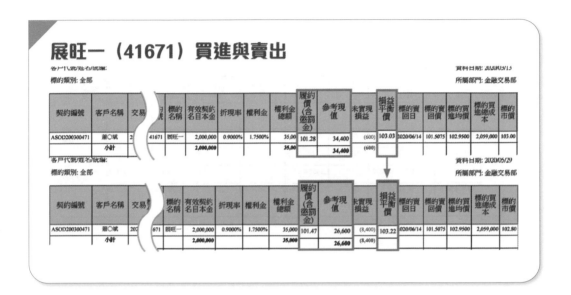

履約價則是101.47元。賣出可以拿到的金額就是欄位中的「參考現值」，公式如下：

$$參考現值＝（市價－履約價）×股數$$
$$＝（103－101.28）×20,000＝34,400元$$

根據上述公式，假設在2020年3月13日以103元賣出手中的20張可轉債選擇權，可取回34,400元；而在2020年5月29日以102.8元賣出，則能取回26,600元。因此只要知道當天履約價是多少，就知

賣出樺漢三（64143）

交易日期：2020/09/09 ～ 2020/09/09

交易類別	交易日	契約編號	標的代碼	賣回日	選擇權到期日	新作/履約張數	標的成交總金額	權利金價格	客戶實際收（付）金額
	交割日	客戶名稱	標的名稱	賣回價格	折現率	剩餘張數	標的成交均價	履約價格	
履約	2020/09/09	ASOD190300111	64143	2022/02/26		20	2,270,000		298,400
	2020/09/10	蕭啓斌	樺漢三	101.5075	2.0000 %	0	113.50	98.58	
新作	2020/09/09	ASOD200900234	26095	2021/05/29	2021/05/17	30	3,245,500	8.910	-267,300
	2020/09/10	蕭啓斌	陽明五	100.0000	0.9000 %		108.18		
小計：									31,100

道可拿回多少資金，當然也能算出實際獲利。

比如上圖，賣出20張樺漢三（64143），履約價98.58元，賣出價格113.5元，能拿到的金額就是29.84萬元。我當天的操作是買進30張的陽明五（26095），賣出20張的樺漢三，在最前面的「交易類別」中分別顯示為「履約」及「新作」。

此外，從我的對帳單也能觀察到，展旺一買進成本為102.95元，在2020年3月13日賣出時，當日收盤價是103元，但損益平衡點則為103.03元（見上頁圖），因此帳面有600元的損失，這意味著履約價已經將手續費等其他成本包含在內了。

展旺一（41671）對帳單

交易日期：2020/03/13 ～ 2020/03/13

交易類別	交易日	契約編號	標的代碼	賣回日	選擇權到期日	新作/履約張數	標的成交總金額	權利金價格	客戶實際收(付)金額
	交割日	客戶名稱	標的名稱	賣回價格	折現率	剩餘張數	標的成交均價	履約價格	
新作	2020/03/13	ASOD200300471	41671	2020/06/14	2020/06/01	20	2,059,000	1.750	-35,000
	2020/03/16	蕭啓斌	展旺一	101.5075	0.9000 %		102.95		
小計：									-35,000

💲 履約價是持有成本與債權折現

　　這也是為何說履約價是持有成本的概念，因為持有展旺一可轉債的2.5個月，履約價從101.28元上升到101.47元，而損益平衡價也從103.03元墊高到103.22元，這段期間增加的成本是持有期間的利息損失（見269頁圖）。

　　履約價也是債權折現的概念，隨著展旺一接近賣回日2020年6月14日，履約價會向賣回價101.507元靠攏。事實上，2020年3月13日展旺一的履約價是101.28元，到了2020年5月29日已經成為101.47元，越來越接近賣回價。

7-6
當心誤賣
造成倒賠風險

可轉債選擇權是買權性質,照理說買權頂多歸零,但有個特殊
情況,可能出現倒賠(over loss)的風險。

這個情況是指,當賣出價格低於履約價,就必須賠償券商差額
損失。以樺漢三(64143)為例,2020年3月20日的收盤價為96
元,履約價卻是97.63元,如果賣出樺漢三的20張庫存,根據上一
節提到的公式,會賠-32,600元。

> **參考現值=(市價-履約價)×股數**
> **=(96-97.63)×20,000=-32,600元**

由於可轉債選擇權是買權性質，當參考現值小於零時，庫存單上面會顯示為零，而不會顯示為負數。

賣出價低於履約價 須倒賠券商

打個比方，大家是否曾在訂房平台訂了「不可退款」的房間後，才發現訂錯日期，或臨時要更改行程，造成無法退費的窘境呢？既然無法退款，你就不會特地去取消訂房。同理，當看到參考現值歸零，投資人絕對不可能賣出，否則一毛錢都拿不回來。然而，萬一投資人真的用96元賣出20張的樺漢三，就必須倒賠券商32,600元。

所以投資人在正常情況下，不會在低於履約價時賣出可轉債選擇權；不過在2020年3月股災時期，就傳出客戶以低於履約價賣出的

樺漢三（64143）市價低於履約價

客戶代號/姓名/統編：
標的類別: 全部

資料日期: 2020/03/20
所屬部門: 金融交易部

契約編號	客戶名稱		票的代號	標的名稱	有效契約名目本金	市現率	權利金	權利金總額	履約價(含懲罰金)	參考現值	未實現損益	損益平衡價	標的賣回日	標的賣回價	標的買進均價	標的買進總成本	標的市價
ASOD190300111	簡○斌	9/0	64143	樺漢三	2,000,000	2.0000%	12.6000%	252,000	97.63	0	(252,000)	110.23	2022/02/26	101.5075	108.0500	2,161,000	96.00
	小計				2,000,000			252,000		0	(252,000)						

崩盤時誤賣展旺一（41671）發生倒賠

客戶代號/姓名/統編：
標的類別：全部

資料日期：2020/03/20
所屬部門：金融交易部

契約編號	客戶名稱		標的代號	標的名稱	有效契約名目本金	折現率	權利金	權利金總額	履約價(含懲罰金)	參考現值	未實現損益	損益平衡價	標的賣回日	標的賣回價	標的買進均價	標的買進總成本	標的市價
ASOD200300471	蕭○○	0/06/01	41671	展旺一	2,000,000	0.9000%	1.7500%	35,000	101.30	28,000	(7,000)	103.05	2020/06/14	101.5075	102.9500	2,059,000	102.70
	小計				2,000,000			35,000		28,000	(7,000)						

意外狀況。

當時之所以會發生「誤賣」，可能是沒注意到賣回價及履約價皆高於百元，以為賣價高於100元還能拿回一些本金，而營業員又因為行情波動大，忙於接單沒注意而導致意外。以同一天我持有的展旺一為例，履約價是101.3元，大崩盤時的確可能因為慌亂以101元賣出，造成倒賠0.3元的狀況。

「誤賣」的情況可能發生在「接近賣回日、且賣回價高於100元、行情大跌、盤勢混亂」的時候。

7-7 價格事件 可避免莊家損失過大

價格事件是券商的風險控管機制，如果投資人選擇繼續持有而不履約（不賣出），萬一可轉債價格連續崩跌，券商擔心無權賣出而無法停損，而有「價格事件」的機制。

可轉債選擇權交易觀念類似向券商借「錢」及「戶頭」買可轉債，但券商若未經投資人同意，無權要求投資人賣出，了結部位。然而這種沒有停損機制的遊戲規則，對券商來說是個嚴重的缺陷。

繼續以樺漢三為例，2020年3月24日盤中最低為93.05元、收盤94元，由於當天履約價為97.65元，不管可轉債價格跌到多少，只要價格低於履約價，對可轉債選擇權持有人而言，損失都是固定的，

就是一開始付出的權利金25萬2,000元。

若樺漢三真的違約跌至0元，投資人只賠25萬2,000元，券商卻得賠190.9萬元（成交價金2,161,000元－權利金252,000元），風險是可轉債選擇權持有人近8倍，卻僅有微薄的利息收入，真的是「風險與獲利不對等」。

券商可強制賣出的停損機制

因此，為了讓這場遊戲更公平，增設了停損機制，券商有權在可轉債低於某一價格時強制停損賣出，稱為「價格事件」。這個機制對券商十分重要，比如在樂陞案中，無擔保的樂陞六（36626）後來崩跌至違約，由於投資人不可能在可轉債市價低於履約價時賣出持股，只會放著等它跌到價值為零，此時券商也只能眼睜睜看著可轉

債價格向0元邁進。

此外，觸發價格事件而遭券商強制停損的可轉債選擇權，即使停損價格低於履約價，投資人也無須負擔差額，避免出現倒賠的狀況。

觸發價格事件機率微乎其微

乍看之下，投資人似乎有極大的停損風險，然而在實務上，價格事件被觸發的機率微乎其微。例如有擔保可轉債幾乎不可能跌破100元，無擔保可轉債價格低於80元、又有可轉債選擇權額度的標的更是稀少。

大部分「價格事件」觸發的停損價，都訂在80元以下，這個數字會因為各券商的內部風控機制有所不同，如群益證券將「價格事件」定義為60元以下，而元大證券則為70元，而且此價格會隨著內部政策改變而調整。

以停損條件來看，群益的確優於元大，但價格事件被觸發的機率真的不高，即使在2020年3月大崩盤時，可轉債價格低於85元以下的也僅有7檔，而這些可轉債也幾乎都因為TCRI風險過高，無法承做可轉債選擇權。觸發價格事件而停損的狀況非常少見，不必將觸發價格事件當成是否在該券商交易的依據。

用對帳單實證投資信念
過去1年獲利逾1,600萬元

市面上財經書籍很多，但文中誠實附上對帳單的少之又少，或者出示的投資獲利金額遠遠低於相關收入，比如寫專欄每月收入破百萬，獲利對帳單卻僅有幾十萬甚至幾萬元，又或者績效輸給了元大台灣50（0050），這都讓書籍內容的可行性打了折扣。

一本有價值的理財書籍必須有對帳單的實際獲利來佐證，否則只是紙上談兵。對帳單會告訴我們很多事，有一句話我覺得說得很對：「在股市裡，我們交易的是信念，而不是錢。」而我的信念就清楚地記錄在對帳單的數字變化。

我的信念是「以可轉債取代存股」，讀者就能從對帳單發現，我的

交易次數其實並不多，目前獲利最多的華航六（26106）是在2020年12月初買進，2021年4～6月分批賣出，7個月當中僅交易9次，就賺進超過千萬元的獲利，反而陽明五（26095）因為想增加額外收入進行無券套利，慘遭訛騙損失超過500萬元，這還沒算上我少買華航六損失的機會成本。

這似乎意味著，複雜的想法及交易有可能帶來額外的風險，堅守簡單的策略更顯安穩，從對帳單就能反向調整我們的心態和操作策略。

除了對帳單，我還以專欄文章佐證我的投資理念及可行性，並且在每篇文章上標注日期，讀者可以對照發文時間及後來的獲利，證明我不是馬後砲，賺了錢才貼對帳單「看圖說故事」。文章發表在「PressPlay Academy 訂閱學習」網站，有興趣的讀者可以在我的學習平台「存股不離可轉債，淺入深學可轉債，不分析直接賺的高倍率存股術」搜尋相關文章（https://bit.ly/3iFAyjx）。

我曾在行情未明時宣告重押華航六以及陽明五，網路上酸言酸語的奚落從來沒少過，比如我專欄第一次提到友訊E1（233201）是在2020年4月13日，當天收盤價格105.8元；第一次提到陽明五的時間點是2020年8月17日，當天收盤價格是103.25元。

又或者第一次提到華航六是在2020年12月16日台北場演講之後，當天收盤價是104.1元，以上例子都是在行情還未發動，就以可轉債特性或者風險報酬不對等的角度，說明我自己進場的理由。我相信長期訂閱專欄的讀者，在見證我投資理念的同時，其收穫也遠遠大於付出，我認為這才是財經作者與讀者之間良好正常的互動。

對帳單記錄❶ 友訊E1（233201）

買進日期與金額（圖1）

日期	張數	均價（元）	支付金額（元）
2017/12/11	20	117	417,600
2018/1/29	10	120.5	247,100

賣出日期與金額（圖2、圖3下）

日期	張數	均價（元）	收款金額（元）
2019/9/9	10	126.85	271,400
2020/5/5	10	134.05	330,600

履約日期與金額（圖3上）

日期	張數	支付金額（元）
2020/5/5	10	1,010,200

圖1：友訊E1（233201）買進日期與金額

交易日期：2017/12/11 ～ 2017/12/11

交易類別	交易日	契約編號	標的代碼	賣回日	選擇權到期日	新作/履約張數	標的成交總金額	權利金價格	客戶實際收（付）金額
	交割日	客戶名稱	標的名稱	賣回價格	折現率	剩餘張數	標的成交均價	履約價格	
新作	2017/12/11	ASOD171200149	233201	2020/06/17	2020/06/03	20	2,340,000	20.880	-417,600
	2017/12/12	蕭啟斌	友訊E1	101.2600	2.0000 %		117.00		

交易日期：2018/01/29 ～ 2018/01/29

交易類別	交易日	契約編號	標的代碼	賣回日	選擇權到期日	新作/履約張數	標的成交總金額	權利金價格	客戶實際收（付）金額
	交割日	客戶名稱	標的名稱	賣回價格	折現率	剩餘張數	標的成交均價	履約價格	
新作	2018/01/29	ASOD180100358	233201	2020/06/17	2020/06/03	10	1,205,000	24.710	-247,100
	2018/01/30	蕭啟斌	友訊E1	101.2600	2.2500 %		120.50		
小計：									-247,100

圖2：友訊E1賣出日期與金額

交易日期：2019/09/09 ～ 2019/09/10

交易類別	交易日	契約編號	標的代碼	賣回日	選擇權到期日	新作/履約張數	標的成交總金額	權利金價格	客戶實際收（付）金額
	交割日	客戶名稱	標的名稱	賣回價格	折現率	剩餘張數	標的成交均價	履約價格	
履約	2019/09/09	ASOD171200149	233201	2020/06/17		10	1,268,500		271,400
	2019/09/10	蕭啟斌	友訊E1	101.2600	2.0000 %	10	126.85	99.71	
小計：									271,400

履約賣出可轉債日期與金額 (圖4)

日期	張數	均價（元）	支付金額（元）
2020/5/11	7	131.2	917,092
2020/5/11	3	131.8	394,837

總獲利金額（賣出－買進）

（394,837＋917,092＋330,600＋271,400）－（417,600＋247,100＋1,010,200）

＝1,913,929－1,674,900

＝**23萬9,029元**

圖3：友訊E1履約、賣出日期與金額

交易日期：2020/05/05 ～ 2020/05/05

交易類別	交易日	契約編號	標的代碼	賣回日	選擇權到期日	新作/履約張數	標的成交總金額	權利金價格	客戶實際收（付）金額
	交割日	客戶名稱	標的名稱	賣回價格	折現率	剩餘張數	標的成交均價	履約價格	
履約	2020/05/05	ASOD171200149	233201	2020/06/17		10			-1,010,200
	2020/05/06	蕭啓斌	友訊E1	101.2600	2.0000 %	0		101.02	10張友訊E1「實物履約」
履約	2020/05/05	ASOD180100358	233201	2020/06/17		10	1,340,500		330,600
	2020/05/06	蕭啓斌	友訊E1	101.2600	2.2500 %	0	134.05	100.99	10張友訊E1「現金履約」
小計：									-679,600

圖4：友訊E1履約賣出可轉債日期與金額

成交日期	種類	▽ 代號	數量	成交價	成交價金	手續費	客戶淨收付	交割日期
2020/05/11	普通賣出	233201	7,000	131.20	918,400	1,308	917,092	2020/05/13
2020/05/11	普通賣出	233201	3,000	131.80	395,400	563	394,837	2020/05/13

專欄相關文章

發表日期	標題名稱
2020/4/13	風險報酬不對等的特殊情況又來了
2020/5/1	友訊E1百萬紅包入袋！喜訂閱者大賺！
2020/7/17	兩個月1500元→150萬，CBAS（可轉債資產交換選擇權）簡介
2021/3/8	友訊E1交易紀錄補充與實物交割

對帳單記錄❷ 醣聯二（41682）

買進日期與金額 （圖5）

日期	張數	支付金額（元）
2020/5/8	10	101,000
2020/5/13	20	220,000
2020/6/3	3	117,420

賣出日期與金額 （圖6上）

日期	張數	均價（元）	收款金額（元）
2020/6/18	3	177	235,498
2020/6/19	4	161.25	250,987
2020/6/19	3	177	235,495
2020/7/1	3	151	157,414
2020/8/18	10	150	513,49

履約日期與金額 （圖6方框處）

日期	履約張數	支付金額（元）
2020/8/24	10	986,654

履約申請轉股後賣股日期與金額 （圖6下）

日期	履約張數	均價（元）	支付金額（元）
2020/9/28	52	25.15	1,302,014
2020/9/28	631股	25.6	16,082

總獲利金額（賣出－買進）

$= (16,082+1,302,014+513,498+157,414+235,495+250,987+235,498) -$
$\quad (986,654+117,420+220,000+101,000)$

$= 2,710,988 - 1,425,074$

$= \textbf{128萬5,914元}$

圖5：醣聯二（41682）買進日期與金額

群益金鼎證券股份有限公司
可轉(交換)公司債 資產交換交易通知書

原擇權新作	
編號	ASO0025104
CB 標的	41682(醣聯二)
買方	蕭O斌
賣方	群益金鼎證券股份有限公司債券部
名目本金	NT 1,000,000元
權利金價格	10.1% ＝ 百元價 (1.8%)+成交價 (8.35%)+百元折抵 (-0.05%)

交割金額	NT 101,000元
銀行名稱	國泰世華銀行營業部
帳戶名稱	群益金鼎證券股份有限公司
帳號	218-01-2000-338
交易日	2020/05/08
權利交割日	2020/05/12

群益金鼎證券股份有限公司
可轉(交換)公司債 資產交換交易通知書

原擇權新作	
編號	ASO0025232
CB 標的	41682(醣聯二)
買方	蕭O斌
賣方	群益金鼎證券股份有限公司債券部
名目本金	NT 2,000,000元
權利金價格	11% ＝ 百元價 (1.8%)+成交價 (9.25%)+百元折抵 (-0.05%)

交割金額	NT 220,000元
銀行名稱	國泰世華銀行營業部
帳戶名稱	群益金鼎證券股份有限公司
帳號	218-01-2000-338
交易日	2020/05/13
權利交割日	2020/05/15

群益金鼎證券股份有限公司
可轉(交換)公司債 資產交換交易通知書

原擇權新作	
編號	ASO0026048
CB 標的	41682(醣聯二)
買方	蕭O斌
賣方	群益金鼎證券股份有限公司債券部
名目本金	NT 300,000元
權利金價格	39.14% ＝ 百元價 (1.74%)+成交價 (37.45%)+百元折抵 (-0.05%)

交割金額	NT 117,420元
銀行名稱	國泰世華銀行營業部
帳戶名稱	群益金鼎證券股份有限公司
帳號	218-01-2000-338
交易日	2020/06/03
權利交割日	2020/06/05

專欄相關文章

發表日期	標題名稱
2020/5/19	生技醫療相關可轉債（續）
2020/9/7	對帳單以及醣聯CBAS最終損益（1）
2020/9/10	對帳單以及醣聯CBAS最終損益（2）

⑤ 對帳單記錄❸ 鈦昇二（80272）

買進日期與金額（圖7）

日期	張數	均價（元）	支付金額（元）
2020/7/1	10	125.57	354,000

圖6：醣聯二賣出日期與金額

CB名稱	代號	張數	買賣別	收盤價	交割金額	淨交割金額	成本	已實現損益	罰金金額	契約編號	交易單號	交易日	交割日
醣聯二	41682	3	賣出	177.00	235,498	235,498	30,300	205,198	0	ASO202005080020	30984	20200618	20200622
醣聯二	41682	4	賣出	161.25	250,987	250,987	40,400	210,587	0	ASO202005080020	31067	20200619	20200623
醣聯二	41682	3	賣出	151.00	157,414	157,414	30,300	127,114	0	ASO202005080020	31392	20200701	20200703
醣聯二	41682	10	賣出	150.00	513,498	513,498	110,000	403,498	0	ASO202005130005	33981	20200818	20200820
醣聯二	41682	10	賣出	98.67	986,654	986,654	110,000	876,654	0	ASO202005130005	34311	20200824	20200826
醣聯二	41682	3	賣出	177.00	235,495	235,495	117,420	118,075	0	ASO202006030007	31036	20200619	20200623
小計			賣出		2,379,546	2,379,546	438,420	1,941,126	0				

帳號 所有帳號 ▼ 全部帳號　日期 2020/ 5/ 4 ▼ ～ 2021/ 5/ 3 ▼ 今日 ▼ 種類 全部 ▼ 一 ▼ 商品 4168 ▼ C

交易帳號	成交日期	種類	代號	商品名稱	數量	成交價	成交價金	手續費	客戶淨收付	交割日期	交易稅	損益	證所稅
	2020/09/28	普通賣出	4168	醣聯	52,000	25.15	1,307,800	1,863	1,302,014	2020/09/30	3,923	1,302,014	0
	2020/09/28	盤後零股賣出	4168	醣聯	631	25.60	16,153	23		2020/09/30	48		0
台幣小計					52,631	0.00	1,323,953	1,886	1,318,096	-	3,971	1,318,096	0

賣出日期與金額 (圖7)

日期	張數	均價（元）	收款金額（元）
2020/9/16	11	182.64	883,419
2021/1/15	4	216	453,357

總獲利金額（賣出－買進）

= (883,419 + 453,357) - 354,000

= 1,336,776 - 354,000

= **98萬2,776元**

圖7：鈦昇二（80272）交易日期與金額

群益金鼎證券股份有限公司

可轉(交換)公司債 資產交換交易通知書

應擇權新作	
編號	ASO0027235
CB 標的	80272(鈦昇二)
買方	蕭O誠
賣方	群益金鼎證券股份有限公司 債券部
名目本金	NT 1,500,000元
權利金價格	23.6% = 百元價 (-1.92%) + 成交價 (25.57%) + 百元折抵 (-0.05%)
交割金額	NT 354,000元

交割金額	NT 354,000元
銀行名稱	國泰世華銀行營業部
帳戶名稱	群益金鼎證券股份有限公司
帳號	218-01-2000-338
交易日	2020/07/01
權利交割日	2020/07/03

可轉(交換)公司債 資產交換交易通知書

應擇權屆約—現金交割	
契約編號：	ASO0027235
CB 標的	80272(鈦昇二)
賣方	蕭O誠
買方	群益金鼎證券股份有限公司 債券部
選擇權名目本金	NT 1,500,000元
履約名目本金	NT 1,100,000元
剩餘名目本金	NT 400,000元
CB 賣出均價	182.64%
選擇權履約價	102.3291%
現金結算價	80.3109%

現金結算價	80.3109%
提前履約罰金	NT 0元
淨交割金額	NT 883,419元
本次履約獲利	NT 623,819元
期初權利金支付額	NT 259,600元
履約交割日	2020/09/18

可轉(交換)公司債 資產交換交易通知書

應擇權屆約—與金交割	
契約編號：	ASO0027235
CB 標的	80272(鈦昇二)
賣方	蕭O誠
買方	群益金鼎證券股份有限公司 債券部
選擇權名目本金	NT 400,000元
履約名目本金	NT 400,000元
剩餘名目本金	NT 0元
CB 賣出價	216%
選擇權履約價	102.6607%
現金結算價	113.339%

現金結算價	113.339%
提前履約罰金	NT 0元
淨交割金額	NT 453,357元
本次履約獲利	NT 358,957元
期初權利金支付額	NT 94,400元
履約交割日	2021/01/19

💲 **對帳單記錄❹** 陽明五（26095）

我因為陽明五「無券套利」案件損失至少500萬元，文章發表時已經進入訴訟階段，結果還未出來前難以估計陽明五實際損益，公平起見，暫時只記錄可轉債選擇權賣出為止的損益，待司法審判有結論後，再行公告於粉絲團以及專欄。

凱基證券買進日期與金額（圖8）

日期	張數	均價（元）	支付金額（元）
2018/6/13	20	103.5	125,400

圖8：陽明五（26095）凱基證券交易日期與金額

凱基證券賣出日期與金額 (圖8)

日期	張數	均價（元）	收款金額（元）
2021/2/18	20	239	2,784,800

獲利金額（賣出－買進）

＝2,784,800－125,400

＝**265萬9,400元**

群益買進日期與金額 (圖9)

日期	張數	均價（元）	支付金額（元）
2020/9/16	50	104.7	274,000

群益賣出日期與金額 (圖9)

日期	張數	均價（元）	收款金額（元）
2020/10/26	30	112.3	384,771
2020/11/6	20	118.8	385,824

獲利金額（賣出－買進）

＝（384,771＋385,824）－274,000

＝770,595-274,000

＝**49萬6,595元**

圖9：陽明五群益證券交易日期與金額

群益金鼎證券股份有限公司
可轉(交)換公司債 資產交換交易通知書

摽擇權新作:	
編號	ASO0030247
CB 標的	26095(陽明五)
買方	蕭O斌
賣方	群益金鼎證券股份有限公司 債券部
名目本金	NT 5,000,000元
權利金價格	5.48% = 百元價 (0.83%)+成交價 (4.7%)+百元折抵 (-0.05%)
交割金額	NT 274,000元
銀行名稱	國泰世華銀行營業部
帳戶名稱	群益金鼎證券股份有限公司
帳號	218-01-2000-338

交割金額	NT 274,000元
銀行名稱	國泰世華銀行營業部
帳戶名稱	群益金鼎證券股份有限公司
帳號	218-01-2000-338
交易日	2020/09/16
權利交割日	2020/09/18

選擇權履約-現金交割	
契約編號	ASO0030247
CB 標的	26095(陽明五)
賣方	蕭O斌
買方	群益金鼎證券股份有限公司 債券部
選擇權名目本金	NT 5,000,000元
履約名目本金	NT 3,000,000元
剩餘名目本金	NT 2,000,000元
CB 買出均價	112.3%
選擇權履約價	99.4743%
現金結算價	12.8257%
提前履約的罰金	NT 0元

現金結算價	12.8257%
提前履約的罰金	NT 0元
淨交割金額	NT 384,771元
本次履約獲利	NT 220,371元
期初權利金支付額	NT 164,400元
履約交割日	2020/10/28

選擇權履約-現金交割	
契約編號	ASO0030247
CB 標的	26095(陽明五)
賣方	蕭O斌
買方	群益金鼎證券股份有限公司 債券部
選擇權名目本金	NT 2,000,000元
履約名目本金	NT 2,000,000元
剩餘名目本金	NT 0元
CB 買出均價	118.8%
選擇權履約價	99.5088%
現金結算價	19.2912%
提前履約的罰金	NT 0元

現金結算價	19.2912%
提前履約的罰金	NT 0元
淨交割金額	NT 385,824元
本次履約獲利	NT 276,224元
期初權利金支付額	NT 109,600元
履約交割日	2020/11/10

元大證券買進日期與金額 （圖10）

日期	張數	均價（元）	支付金額（元）
2018/6/13	50	104.8	378,500
2020/8/14	20	103.2	84,400
2020/9/9	30	108.18	267,300

元大證券賣出日期與金額 （圖11）

日期	張數	均價（元）	收款金額（元）
2020/9/10	20	109	192,800
2020/11/5	80	115.05	1,244,800

獲利金額（賣出－買進）

＝（192,800＋1,244,800）-（378,500＋84,400＋267,300）

＝ 1,437,600-730,200

＝ 70萬7,400元

陽明五總獲利金額：

凱基＋群益＋元大＝ 2,659,400＋496,595＋707,400

　　　　　　＝ **386萬3,395元**

圖10：陽明五元大證券買進日期與金額

交易日期：2018/06/13 ～ 2018/06/13

交易類別	交易日	契約編號	標的代碼	賣回日	選擇權到期日	新作/履約張數	標的成交總金額	權利金價格	客戶實際收(付)金額
	交割日	客戶名稱	標的名稱	賣回價格	折現率	剩餘張數	標的成交均價	履約價格	
新作	2018/06/13	ASOD180600274	26095	2021/05/29	2021/05/17	50	5,240,000	7.570	-378,500
	2018/06/14	蕭啓斌	陽明五	100.0000	0.9000 %		104.80		

交易日期：2020/09/09 ～ 2020/09/09

交易類別	交易日	契約編號	標的代碼	賣回日	選擇權到期日	新作/履約張數	標的成交總金額	權利金價格	客戶實際收(付)金額
	交割日	客戶名稱	標的名稱	賣回價格	折現率	剩餘張數	標的成交均價	履約價格	
新作	2020/09/09	ASOD200900234	26095	2021/05/29	2021/05/17	30	3,245,500	8.910	-267,300
	2020/09/10	蕭啓斌	陽明五	100.0000	0.9000 %		108.18		

圖11：陽明五元大證券賣出日期與金額

交易日期：2020/11/05 ～ 2020/11/05

交易類別	交易日	契約編號	標的代碼	賣回日	選擇權到期日	新作/履約張數	標的成交總金額	權利金價格	客戶實際收(付)金額
	交割日	客戶名稱	標的名稱	賣回價格	折現率	剩餘張數	標的成交均價	履約價格	
履約	2020/11/05	ASOD180600274	26095	2021/05/29		50	5,752,500		778,000
	2020/11/06	蕭啓斌	陽明五	100.0000	0.9000 %	0	115.05	99.49	
履約	2020/11/05	ASOD200900234	26095	2021/05/29		30	3,451,500		466,800
	2020/11/06	蕭啓斌	陽明五	100.0000	0.9000 %	0	115.05	99.49	
小計：									1,244,800

專欄相關文章	
發表日期	標題名稱
2020/8/17	求生意志強烈、可轉債選擇權CBAS低權利金的公司，上週五忍不住加碼了
2020/11/3	關於26095陽明五可轉債的操作
2020/11/10	疫苗出來後的陽明操作
2020/11/13	為什麼陽明的「這個價位」這麼重要？
2020/11/20	關於26095陽明五可轉債的操作（2）
2021/2/18	撿到300萬——今天盤中讓我差點掉淚的突發狀況

💲 對帳單記錄❺ 華航六（26106）

買進日期與金額 （圖12）

日期	張數	均價（元）	支付金額（元）
2020/12/4	150	103	529,500
2020/12/8	100	103	308,000

續約日期與金額

日期	張數	支付金額（元）
2020/1/8	250	1,430,000

群益賣出日期與金額 （圖9）

日期	張數	均價（元）	收款金額（元）
2021/4/9	50	133	188萬8,500
2021/4/13	50	139	218萬8,000
2021/4/16	50	139.5	221萬1,000
2021/4/22	40	166.5	282萬8,000
2021/6/2	30	149.5	161萬6,050
2021/6/9	30	148.5	158萬5,500

總獲利金額（賣出－買進）
= （1,888,500＋2,188,000＋2,211,000＋2,828,000＋1,616,050＋1,585,500）－（1,430,000＋308,000＋529,500）
= 12,317,050－2,267,500
= **1,004萬9,550元**

專欄相關文章

發表日期	標題名稱
2020/12/16	講座提到之標的
2020/12/22	第二大持股的可能劇本
2021/1/11	注意第二大持股的續約問題
2021/4/3	取之於華航用之於華航，帛琉旅遊泡泡首發團GO！
2021/4/12	華航的幸福劇本
2021/4/15	華航的訂價行情，漲勢加速（上）
2021/4/21	華航的訂價行情，漲勢加速（中）
2021/4/23	華航的訂價行情，漲勢加速（下）

圖12：華航六（26106）買進日期與金額

康和證券集團 Concord Securities Group

新台幣可轉換公司債資產交換交易選擇權商品說明書
CB Asset Swap Option Transaction Description

1. 【一般性條件】

交易日 (Trade Date) : 2020/12/04

交易生效日 (Effective Date) : 2020/12/08

履約截止日 (Expiration Date) : 2021/01/18

標的債券 (Bond) : 26106
（每張面額新台幣十萬元整。櫃買中心代

選擇權單位 (Number of Options) : 150 個單位

每單位權利金 (Premium per Option) : 新台幣 3,530.0000 元

權利金總額 (Premium) : 新台幣 529,500 元

康和證券集團 Concord Securities Group

新台幣可轉換公司債資產交換交易選擇權商品說明書
CB Asset Swap Option Transaction Description

1. 【一般性條件】

交易日 (Trade Date) : 2020/12/08

交易生效日 (Effective Date) : 2020/12/10

履約截止日 (Expiration Date) : 2021/01/18

標的債券 (Bond) : 26106
（每張面額新台幣十萬元整。櫃買中心代號：華航六）

選擇權單位 (Number of Options) : 100 個單位

每單位權利金 (Premium per Option) : 新台幣 3,080 元

權利金總額 (Premium) : 新台幣 308,000 元

圖13：華航六賣出日期與金額

左上

選擇權契約明細：

項目	內容
賣產交換選擇權契約編號	ASOS55020
交易相對人名稱	蕭啟斌
可轉債代號	26106 華航六
履約方式	淨額
執行履約前選擇權數量	250 單位
本次執行履約選擇權數量	50 單位
契約剩餘選擇權數量	200 單位

選擇權履約事項：

項目	內容
執行履約交易日	2021/04/09
執行履約生效日	2021/04/09
履約價格(%)	95.23
履約價金(NT：元)	4,761,500
履約解約金(NT：元)	不適用
處分債券金額(NT：元)	6,650,000
手續費(NT：元)	不適用

交易雙方支付事項：
甲方支付明細：

項目	內容
支付方式	淨額給付
標的可轉債面額(NT：元)	不適用
應付金額(NT：元)	1,888,500

右上

選擇權契約明細：

項目	內容
賣產交換選擇權契約編號	ASOS55020
交易相對人名稱	蕭啟斌
可轉債代號	26106 華航六
履約方式	淨額
執行履約前選擇權數量	200 單位
本次執行履約選擇權數量	50 單位
契約剩餘選擇權數量	150 單位

選擇權履約事項：

項目	內容
執行履約交易日	2021/04/13
執行履約生效日	2021/04/13
履約價格(%)	95.24
履約價金(NT：元)	4,762,000
履約解約金(NT：元)	不適用
處分債券金額(NT：元)	6,950,000
手續費(NT：元)	不適用

交易雙方支付事項：
甲方支付明細：

項目	內容
支付方式	淨額給付
標的可轉債面額(NT：元)	不適用
應付金額(NT：元)	2,188,000

左下

選擇權契約明細：

項目	內容
賣產交換選擇權契約編號	ASOS55020
交易相對人名稱	蕭啟斌
可轉債代號	26106 華航六
履約方式	淨額
執行履約前選擇權數量	150 單位
本次執行履約選擇權數量	50 單位
契約剩餘選擇權數量	100 單位

選擇權履約事項：

項目	內容
執行履約交易日	2021/04/16
執行履約生效日	2021/04/16
履約價格(%)	95.28
履約價金(NT：元)	4,764,000
履約解約金(NT：元)	不適用
處分債券金額(NT：元)	6,975,000
手續費(NT：元)	不適用

交易雙方支付事項：
甲方支付明細：

項目	內容
支付方式	淨額給付
標的可轉債面額(NT：元)	不適用
應付金額(NT：元)	2,211,000

右下

選擇權契約明細：

項目	內容
賣產交換選擇權契約編號	ASOS55020
交易相對人名稱	蕭啟斌
可轉債代號	26106 華航六
履約方式	淨額
執行履約前選擇權數量	100 單位
本次執行履約選擇權數量	40 單位
契約剩餘選擇權數量	60 單位

選擇權履約事項：

項目	內容
執行履約交易日	2021/04/22
執行履約生效日	2021/04/22
履約價格(%)	95.30
履約價金(NT：元)	3,812,000
履約解約金(NT：元)	不適用
處分債券金額(NT：元)	6,640,000
手續費(NT：元)	不適用

交易雙方支付事項：
甲方支付明細：

項目	內容
支付方式	淨額給付
標的可轉債面額(NT：元)	不適用
應付金額(NT：元)	2,828,000

圖14：華航六賣出日期與金額

選擇權契約明細：		選擇權契約明細：		選擇權契約明細：	
資產交換選擇權契約編號	ASOS55020	資產交換選擇權契約編號	ASOS55020	資產交換選擇權契約編號	ASOS55020
交易相對人名稱	蕭敏城	交易相對人名稱	蕭敏城	交易相對人名稱	蕭敏城
可轉債代號	26106 華航六	可轉債代號	26106 華航六	可轉債代號	26106 華航六
履約方式	淨額	履約方式	淨額	履約方式	淨額
執行前的選擇權數量	250 單位	執行前的選擇權數量	200 單位	執行前的選擇權數量	150 單位
本次執行的選擇權數量	50 單位	本次執行的選擇權數量	50 單位	本次執行的選擇權數量	50 單位
契約剩餘選擇權數量	200 單位	契約剩餘選擇權數量	150 單位	契約剩餘選擇權數量	100 單位

選擇權履約事項：		選擇權履約事項：		選擇權履約事項：	
執行履約交易日	**2021/04/09**	**執行履約交易日**	**2021/04/13**	**執行履約交易日**	**2021/04/16**
執行履約生效日	**2021/04/09**	**執行履約生效日**	**2021/04/13**	**執行履約生效日**	**2021/04/16**
履約交割日	2021/04/12	履約交割日	2021/04/14	履約交割日	2021/04/19
履約價格(%)	95.23	履約價格(%)	95.24	履約價格(%)	95.28
履約價金(NT：元)	4,761,500	履約價金(NT：元)	4,762,000	履約價金(NT：元)	4,764,000
履約解約金(NT：元)	不適用	履約解約金(NT：元)	不適用	履約解約金(NT：元)	不適用
處分債券金額(NT：元)	6,650,000	處分債券金額(NT：元)	6,950,000	處分債券金額(NT：元)	6,975,000
手續費(NT：元)	不適用	手續費(NT：元)	不適用	手續費(NT：元)	不適用

交易雙方支付明細：		交易雙方支付事項：		交易雙方支付事項：	
甲方支付明細：		甲方支付明細：		甲方支付明細：	
支付方式	淨額給付	支付方式	淨額給付	支付方式	淨額給付
標的可轉債面額 (NT：元)	不適用	標的可轉債面額 (NT：元)	不適用	標的可轉債面額 (NT：元)	不適用
應付金額 (NT：元)	1,888,500	應付金額 (NT：元)	2,188,000	應付金額 (NT：元)	2,211,000

圖15：華航六賣出日期與金額

選擇權契約明細：		選擇權契約明細：		選擇權契約明細：	
資產交換選擇權契約編號	ASOS55020	資產交換選擇權契約編號	ASOS55020	資產交換選擇權契約編號	ASOS55020
交易相對人名稱	蕭敏城	交易相對人名稱	蕭敏城	交易相對人名稱	蕭敏城
可轉債代號	26106 華航六	可轉債代號	26106 華航六	可轉債代號	26106 華航六
履約方式	淨額	履約方式	淨額	履約方式	淨額
執行前的選擇權數量	100 單位	執行前的選擇權數量	60 單位	執行前的選擇權數量	30 單位
本次執行的選擇權數量	40 單位	本次執行的選擇權數量	30 單位	本次執行的選擇權數量	30 單位
契約剩餘選擇權數量	60 單位	契約剩餘選擇權數量	30 單位	契約剩餘選擇權數量	0 單位

選擇權履約事項：		選擇權履約事項：		選擇權履約事項：	
執行履約交易日	**2021/04/22**	**執行履約交易日**	**2021/06/02**	**執行履約交易日**	**2021/06/09**
執行履約生效日	**2021/04/22**	**執行履約生效日**	**2021/06/02**	**執行履約生效日**	**2021/06/09**
履約交割日	2021/04/23	履約交割日	2021/06/03	履約交割日	2021/06/10
履約價格(%)	95.30	履約價格(%)	95.60	履約價格(%)	95.65
履約價金(NT：元)	3,812,000	履約價金(NT：元)	2,868,000	履約價金(NT：元)	2,869,500
履約解約金(NT：元)	不適用	履約解約金(NT：元)	不適用	履約解約金(NT：元)	不適用
處分債券金額(NT：元)	6,640,000	處分債券金額(NT：元)	4,484,050	處分債券金額(NT：元)	4,455,000
手續費(NT：元)	不適用	手續費(NT：元)	不適用	手續費(NT：元)	不適用

交易雙方支付明細：		交易雙方支付事項：		交易雙方支付事項：	
甲方支付明細：		甲方支付明細：		甲方支付明細：	
支付方式	淨額給付	支付方式	淨額給付	支付方式	淨額給付
標的可轉債面額 (NT：元)	不適用	標的可轉債面額 (NT：元)	不適用	標的可轉債面額 (NT：元)	不適用
應付金額 (NT：元)	2,828,000	應付金額 (NT：元)	1,616,050	應付金額 (NT：元)	1,585,500

《勝率近100%的可轉債存股術》

作者：蕭啟斌

總編輯：張國蓮
責任編輯：李文瑜
美術設計：黃慈玉

董事長：李岳能
發行：金尉股份有限公司
地址：新北市板橋區文化路一段268號20樓之2
傳真：02-2258-5366
讀者信箱：moneyservice@cmoney.com.tw
網址：www.moneynet.com.tw
客服 Line@：@m22585366

印刷：科樂股份有限公司
總經銷：聯合發行股份有限公司

初版1刷：2021年8月
初版31刷：2024年10月

定價：380元

國家圖書館出版品預行編目（CIP）資料

勝率近100%的可轉債存股術／蕭啟斌著．
– 初版 ．– 新北市：金尉股份有限公司，
2021.08　面；　公分
ISBN 978-986-06732-0-3（平裝）

1.股票投資 2.投資技術 3.投資分析

563.53　　　　　　　110011935

Money錢

Money錢